나도
잘나가는 사장
될 수 있다

나도
잘나가는 사장
될 수 있다

펴낸날   초판 1쇄 2019년 6월 5일

지은이   이국섭
펴낸이   서용순
펴낸곳   이지출판

출판등록   1997년 9월 10일 제300-2005-156호
주 소   03131 서울시 종로구 율곡로6길 36 월드오피스텔 903호
대표전화   02-743-7661   **팩스**   02-743-7621
이메일   easy7661@naver.com
디자인   박성현
인 쇄   (주)꽃피는 청춘

ⓒ 2019 이국섭

값 15,000원

ISBN 979-11-5555-108-0 03320

이 도서의 국립중앙도서관 출판예정도서목록(CIP)은 서지정보유통지원시스템 홈페이지
(http://seoji.nl.go.kr)와 국가자료공동목록시스템(http://www.nl.go.kr/kolisnet)에서
이용하실 수 있습니다.(CIP제어번호: CIP2019019575)

나도
잘나가는
사장
될 수 있다

이국섭 하머니해운항공 · 주식회사하머니 대표이사

이지출판

🏃 이 책의 출간이 더없이 반갑다. 우리 곁에 성큼 다가온 4차산업은 경쟁이 아닌 상생과 협업을 그 어느 때보다 중요한 가치로 삼고 있다. 이 즈음에 이 책은 융합의 시대를 실제로 회사 경영이라는 분야에 잘 녹여 낸 책이다. 제자인 저자가 22년간 회사를 경영하면서 현장에서 체득한 노하우를 고전의 지혜와 경영학의 기본적인 이론들, 즉 경영관리, 마케팅 및 판매관리, 인사 및 조직관리, 리더십, 재무관리 등 다양한 지식과 함께 담아 놓았다. 실제로 대학원 실무수업 과정에 넣어도 손색이 없을 정도의 내용들이다. 작은 기업을 운영하는 경영자나 창업을 꿈꾸는 이들이라면 반드시 읽어야 할 교과서와도 같은 책이기에 필독을 권한다.

박용흠 경희대학교 경영대학원 서비스경영MBA 책임교수

🏃 저자는 겸손하게 표현하였지만, 경영학의 기본 이론과 그 이론을 가지고 현장과의 교류를 시도한 돋보이는 책이다. 기업 경영에 있어 깊이 고민해야 할 문제들에 대한 해결 방법을 고전과 선조들의 지혜 속에서 찾아내고, 이론만을 늘어놓은 책보다 실제 사례가 돋보이는 부분이 있어 이 시대의 경영자라면 꼭 읽어 보기를 권한다.

윤의국 고려신용정보 회장

🏃 이국섭 사장은 언제나 말없이 자기가 맡은 일에 최선을 다하는 멋진 고등학교 친구이자 같은 회사 동료였으며, 지금은 같은 해운 운송 일을 하는 동반자다. 나 자신도 잘 몰랐던 사장의 자리를 잘 보여 주는 책이고, 저자의 진솔한 모습이 잘 드러나 있어 감명받았다. 그리고 진실한 용기가 무엇인지 알게 되었다.　　　　　　　　　김관영 한오션 대표이사

🏃 너도 나도 사장인 요즘, 참된 사장의 길을 안내하는 생생한 경험과 지혜가 담긴 경영 지침서다. 요즘처럼 사업이 어려운 시기는 없었던 것 같다. 그래서 그런지 이 책을 읽으면서 아버지로부터 물려받은 70년 역사의 회사를 다시 돌아보게 되었다. 저자이면서 친구가 전하는 내용이 리더로서의 갈증을 다소나마 풀어 주어 단숨에 읽었다.

김유중 (주)광성TECH 회장

🏃 작은 조직의 리더로서 또 지적 욕구가 새롭게 우러나는 시기에 나를 돌아보는 계기도 되었고, 사장의 자리는 고독하고 외로운 자리지만 누구보다 훌륭한 내 친구 40년지기로부터 다시 한번 나의 자세를 가다듬는 계기를 준 책이다.　　　　　　　진웅 법무법인 유한정률 변호사

🏃 이 책은 22년째 중소기업을 운영해 온 저자의 다양한 경험담을 '경영 이론과 고전 경영'을 토대로 주제별 경영 사례와 함께 솔직 담백하게 서술한 경영 전략서이자 실천 지침서다. 창업을 준비하는 분, 기업 경영의 어려움을 겪고 있는 분, 경영/경영학에 대한 기초이론을 더 알고 싶은 분들에게 자양분을 줄 수 있을 것으로 본다. 이 책을 읽음으로써 경영에서의 선견, 통찰, 안목 등을 키우고, 기업 경쟁력뿐만 아니라 개인 역량을 한층 높이는 데 시발점이 되기를 바란다.　　　왕일웅 사조시스템즈(주) 대표이사

🏃 창업에 대한 준비도 없이 경영 일선에 뛰어들었던 20여 년 전에 이 책이 있었더라면…. 초보 사장으로서의 기억과 중국에서 겪었던 수많은 일들을 떠오르게 하는 이 책은 처음 사업을 시작하는 창업자들이 실패의 가능성을 줄이고 정답을 찾아가는 데 필요한 내용을 자세히 알려 준다. 창업자라면 누구나 옆에 두고 봐야 할 내용이 가득하다. 사업하는 친구들끼리 차 한잔 하며 나누는 푸념 같은 이야기도 놓치지 않고 경영학적 관점에서 정리해 놓은 작가의 노력과 정성이 담겨 있어, 사장으로서 느끼는 외로움과 어려움에 큰 위안이 되는 책이다.

유성수 상해희구지실업유한공사(上海喜毆地實業有限公司) 대표

🏃 얼핏 화려해 보이는 사장이라는 자리에 대한 현실감과 갖추어야 할 자세와 의지를 잘 표현한 40년지기 친구가 현장 경험을 솔직하게 풀어놓은 이 책은, 리더들이라면 고민하고 있을 내용들로 이루어져 있어 충분히 공감이 간다. 의사로서 또 병원을 운영하는 원장으로서 경영학 공부를 독학으로 하였으나, 이 책을 읽으면서 경영학의 기초를 1학기 수강한 느낌이었다.

김성목 내과병원 원장

🏃 뉴욕문화원장을 하고 한국체육개발공사 사장을 그만둔 지 벌써 몇 해가 지났다. 지금 생각해도 사장이라는 자리는 녹록한 자리가 아닌 것 같다. 누구와도 함께할 수 없는 자기만의 길, 불확실성에 대한 도전과 인내심, 고독한 결단을 내려야만 하는 순간들. 이 책은 나의 장조카인 저자가 그 힘듦을 이겨내고 어려운 상황 속에서도 개인의 경험과 고전의 지혜를 바탕으로 그 의미와 가치를 쉽게 표현하였다.

이병서 전 체육산업개발 대표이사

작은 기업의 리더가 풀어놓은
알짜 경영 이야기

주변을 돌아보면 온통 사장(혹은 리더) 천지다.

그래서 사장(혹은 리더)의 역할을 하고 있는 분들에게 묻고 싶다.

"사장(혹은 리더)이란 무엇인가?"

"완성된 리더(혹은 사장)는 존재하는가?"

나는 길다면 길고 짧다면 짧은 22년차 사장이다. 규모가 크지 않은 '하머니해운항공'이라는 물류회사를 운영하고 있는, 천지에 널려 있는 사장 중 한 명이다.

22년 전 사업을 시작하면서부터 지금까지 사장이란 자리가 얼마나 외롭고 힘든 것인지 절절하게 느끼고 있다. 또한 경영학을 공부하면서 사장의 역할이 얼마나 어렵고 중요한 것인지 다시금 깨달으면서 그동안 나의 경험과 지혜와 지식을 한번 정리해 보고 싶었다. 그리고 갈수록 치열하고 험난한 상황에서 미래의 사장을 꿈꾸는 이들에게 조금이라도 보탬이 되길 바라는 마음에 책으로 출간하기로 했다.

일종의 사명감이랄까, 그런 심정에서 리더(혹은 사장)로서 알아야 할 기본적인 경영이론과 그 이론에 해당하는 현장에서의 경험을 보태어 진정한 리더(혹은 사장)로서의 역할을 수행하는 데 꼭 필요한 내용을 중심으로 구성했다. 특히 인문학이 사업 경영에 중요한 요소로 각광받고 있는 지금, 옛 선현들의 고사를 통하여 얻을 수 있는 지혜를 경영학의 기본이론들과 접목하여 딱딱한 내용을 이해하기 쉽게 풀어나가고자 했다.

나는 모래 가득한 사막을 지나는 유목민들에게 한 줄기 빛과 같은 휴식을 줄 수 있는 좋은 사장(혹은 리더)이 되고 싶었다. 그래서 경영에 관한 책들을 읽으며 메모하고, 대학원에 진학하여 현장에서 부족함을 느꼈던 경영이론을 체계적으로 배우면서 경영인으로서의 이론과 자세를 정립해 온 것이 이 책의 바탕이 되었다.

여기서 나의 집안 내력에 대해 잠깐 언급하고자 한다. 어릴 적 환경이 오늘의 나를 만들어 왔다고 믿기 때문이다. 나는 《홍범연의》를 저술하고 영남학맥을 체계 있게 승화 발전시킨 갈암(葛庵) 이현일(李玄逸) 선생의 12대 손이자 독립유공자 후손이다. 독립투사였던 할아버지 이상호(돌몽) 선생은 불의를 보면 참지 못하는 성품이 매우 강직한 분이었다. 열 살 어린 나이에 일본 식민통치 교재에 불만을 품고 일본인 교사들의 말을 듣지 않아 요주의 인물로 지목을 받을 정도였다.

열일곱 살 때는 전국 조직인 청년동맹에 가입하여 항일운동을 벌였으며, 손수 마을 빈집을 손질하여 야학당을 만들어 남녀노소 누구라도 와서 배우게 하였다. 그리고 2년 후, "일본 식민통치를 결사반대하고 우리의 주권을 되찾아야 한다"고 외치다 일본 경찰에 체포되었는데, 미성년자라 하여 김천 소년형무소에 수감되었다.

조사를 받으면서도 "한일합병은 전적으로 무효다. 우리는 엄연히 주권국가 국민인데 너희들이 감히 우리를 죄가 있다 하여 단죄한단 말이냐?" 하면서 묻는 말에는 대답을 않고 "대한독립 만세"만 계속 외쳤다. 그러자 조사관은 "너 같은 악질 반동은 때려죽여도 된다는 상부의 지시가 있었다"면서 무자비한 고문을 가하였다.

2년 동안 독방에서 감옥살이를 하고 온몸이 피멍투성이인 채로 만기 출감한 할아버지는 앉아 있을 기력조차 없어 누워만 계시다가 스물둘 꽃다운 나이에 끝내 세상을 떠나셨다.

이런 집안의 장손으로 태어난 나는 어린 시절 꽤 엄격한 가정교육을 받으며 자랐다. 중학교를 마치고 고향 영양의 두들 마을을 떠나왔지만, 학자와 독립유공자의 집안 분위기를 그대로 이어받아 선공후사의 정신으로 살아왔다고 생각한다. 이 정신은 사업을 하면서도 사장 개인의 이익보다 조직원을 먼저 챙기고 또 나의 사업이 이 사회에 어떤 영향을 미칠까를 고민하게 만들었다. 근원 없는 물은 멀리 흐를 수 없고, 뿌리 없는 나무는 튼튼하게 자랄 수 없다는 것을 알기 때문이다.

이 책은 '열심히 노력하면 성공할 것이다'라는 당연한 이야기를 열거한 것이 아니다. 경영 현장에서 필요한 경영이론과 그 이론을 바탕으로 실제 현장에서 적용해 본 경험의 결과물을 아낌없이 풀어놓았다. 우리 주변에 넘쳐나는 정보 속에서 22년째 회사를 운영해 오고 있는 리더의 경영 이야기가 또 다른 길라잡이 역할을 하는 기준점이 되기를 바란다.

원고를 쓰고 나서 아쉬운 부분도 많지만 보완만이 능사가 아니라고 판단하여 작은 마침표를 찍는다. 지금도 고향에서 동네 어른들과 학생들에게 한문과 서예를 가르치시는 아버지와 흥해 배씨 임연재 종택의 종녀(宗女)로서 올곧게 살아오신 어머니께 감사드리며, 늘 함께 삶의 지혜를 나누고 사업의 어려움을 극복하는 데 용기를 준 아내 한영신에게도 고마운 마음을 전한다. 그리고 두 남매에게 나의 살아가는 모습이 본보기가 되어 주었으면 하는 희망을 가져본다.

끝으로 흔쾌히 출판의 기회를 주어 독자들과 만남의 길을 열어 주신 이지출판사 서용순 대표님에게도 고마운 마음을 전하고 싶다.

2019년 5월

이 국 섭

나도
잘나가는
사장
될 수 있다

차례

Chapter 01 사장이란 무엇인가?

Chapter 02 작은 기업을 성공적으로 이끄는 경영관리

사장이란
무엇인가?

사장은 오케스트라 지휘자이자 고독한 승부사다

직원과 고객 그리고 나, 사업의 모든 것은 사람이다

사장은
오케스트라 지휘자이자
고독한 승부사다

사장은 한 조직의 리더로서 그 조직을 이끌어 나가야 하고, 반드시 어떤 결과를 만들어 내야 하는 사람이다. "자식을 낳아 길러 보면 부모 마음을 이해하게 된다"는 말이 있듯, 사장이란 자리도 비슷하다. 그 자리에 직접 앉아 봐야 비로소 실감하게 된다.

마고소양(麻姑搔痒)이라는 고사성어가 있다. '마고라는 손톱이 긴 선녀가 가려운 데를 긁어 준다'는 뜻으로, '바라던 일이 뜻대로 잘 됨'을 이르는 말이다. 한나라 환제 때 마고가 채경이라는 사람의 집에 머무르게 됐는데, 손톱이 새 발톱처럼 휜 것을 보고 채경이 "등이 가려우면 이 선녀의 손톱으로 긁으면 좋겠다"고 말한 데서 유래되었다고 한다. 결국 사장이란 길로 들어선다면 '마고소양'처럼 자긍심을 느낄 정도로 뜻한 바를 이루어야 한다.

사장이란 자리가 얼마나 힘들고 외로운지 경험해 보지 않은 사람은 알지 못한다. 규모와는 상관없이 사장의 자리는 말로 표현할 수 없을 만큼 외롭다. 사업가, 곧 사장이 된다는 것은 그만큼 힘들고 상상했던 것보다 훨씬 어려운 상황에 놓일 수도 있다. 그런데도 사업을 해야겠다고 마음먹었다면 무엇을 어떻게 해야 할지 스스로 결정하고 철저하게 준비해야 한다.

- 사업을 돈을 벌기 위한 수단으로만 생각하고 있지는 않은가?
- 그 사업에 몸과 마음을 바쳐 전심전력할 자세가 되어 있는가?
- 사업 아이템이나 기술 혹은 그 무엇인가를 갖고 있는가?
- 그 사업에 대한 구체적인 사업계획서는 수립하였는가?
- 그 사업을 어떻게 성공으로 이끌 수 있을까?

이와 같이 끊임없이 생각하면서 동시에 정신적·체력적으로 지치지 않고 원하는 결과가 나올 때까지 승부를 내야 한다. 이렇듯 다양함을 갖추어야 하는 사장의 역량은 무엇일까? 함께 고민해 보자.

- 하고자 하는 사업의 사명을 제시할 수 있는가?
- 혁신적인 아이디어를 만들어 낼 수 있는가?
- 그것을 바로 사업으로 연결할 수 있는 추진력을 갖고 있는가?
- 인재들을 잘 이끌어 나갈 수 있는 리더십과 카리스마가 있는가?
- 커뮤니케이션 능력과 충분한 투자를 유치할 수 있는가?

이렇듯 사장으로서 갖추어야 할 역량에 대해 스스로에게 묻고 대답할 수 있어야 한다.

여기서 다시 정리하자면, 사장은 다음 각 분야를 구상하고, 조직하고, 실행의 선두에 서서 결과를 만들어 내는 사람인 것이다.

- 무엇을 만들어 시장에 진입할 것인가?
- 시장에서 어떤 형태와 방법으로 매출을 일으킬 것인가?
- 일으킨 매출은 어떤 비용을 지불하여 어떤 이익을 창출할 것인가?
- 얻어진 이익은 어떻게 사용할 것인가?
- 지속적인 성장을 위한 고민은 어떻게 할 것인가?

우리가 알고 있는 사장(경영자)은 기업 경영활동에서 조직의 목표를 설정하고, 그 목표를 달성하기 위해 다른 사람의 업무나 작업 활동을 조정하고, 그런 활동을 통해 자기 성취뿐만 아니라 조직의 성장을 이끄는 사람이다. 즉 사장(경영자)은 기업 조직의 인적 · 물적 · 재무적 · 기술적 자원을 계획 · 조직 · 지휘 · 통제하는 사람이다. 한마디로 기업의 목적을 성취하기 위해 필요한 경영활동을 수행하는 과정에서 주요 의사 결정을 하며, 경영활동이나 조직 구성원의 행동을 지휘 · 조정하는 권한과 책임을 지닌 사람이다.

그렇다면 기업 조직 내에서 일선 근로자를 지휘 · 감독하고 동시에 가장 중요한 의사 결정을 해야 하는 사장(경영자)은 어떤 사람인가?

금고에 현금을 쌓아 놓고 기사가 운전하는 고급 승용차를 타며 호화 해외여행을 하고 남는 시간에 골프를 치는 사람인가? 아니면 현금을 쌓아 놓기는커녕 매일 자금 때문에 스트레스를 받고 해외여행 대신 가기 싫은 출장을 가야 하고, 남는 시간에 돈을 빌리러 다니며 가족과 직원들까지 돌봐야 하는 사람인가?

맞다. 이 시대에 가장 치열하게 경쟁하면서 살아가는 사람이 사장이다. 요즘 같은 때 '사장'이란 직함을 달고 마음 편한 사람이 있을까 싶다.

나는 20년 이상 회사를 이끌어 왔지만 계속 살아남기 위해 고군분투하고 있다. 일반적인 통계를 보면 20년 이상 된 회사가 앞으로 10년을 버텨 낼 가능성은 10%라고 한다. 다시 말해 20년간 유지해 온 회사 중 90%가 사라진다는 것이다.

이런 현실을 생각하면 정신이 번쩍 들면서 '어떻게 해나가야 할지' 걱정이 앞선다. 그러나 물안개 속 같은 현실을 헤쳐 나가야 한다. 수많은 사람들과 관계를 맺고 경영과 인생에서 해피엔딩을 이끄는 사장이 되기 위해서, 그 목표를 좀 더 체계적이고 효과적으로 달성하기 위한 방안을 찾기 위해 스스로를 돌아보는 기회를 통해 나뿐만 아니라 독자들에게도 반면교사가 되는 기회가 되길 바란다.

사장은 사업의 개념을 스스로 정립하여 조직을 구성하고, 조직원들을 이끌어 나가면서 소기의 결과를 만들어 내고, 본인뿐만 아니라 함께하는 조직원 모두 행복을 느끼게 하는 사람이다. 결단을 내릴 때는 외롭지만 결과는 함께 공유하는 오케스트라의 지휘자같이 조화를 만들어 내는 컨트롤러다.

직원과 고객 그리고 나,
사업의 모든 것은 사람이다

22년째 중소기업을 경영해 오면서 요즘처럼 힘든 적은 없었다. 노동 시간 단축이나 최저임금 같은 문제는 우선 제쳐두자. 시간이 갈수록 값싼 중국 제품이 더 많이 들어오니 만들어 놓은 상품은 팔리지 않고, 그만큼 줄어든 매출은 나아질 기미가 보이지 않고, 아침에 눈을 뜨면 줄줄이 도산하는 기업만 늘고 있다.

이 전쟁터 같은 어려운 현실에서 살아남기 위해 어떤 선택을 하고 어떻게 행동하고 대처해야 하는지를 고민하면서 변화를 준비하고 있다. 변화한다는 것은 인재를 육성하고, 사장 스스로 혁신하고 행동하고 도전하는 것이다. 도전은 끊임없는 학습이고 배움이다.

우리 회사는 수출, 수입 운송 화물 물동량을 취급하기 때문에 국내외 정치 · 경제 변화에 매우 민감하다. 더욱이 요즘은 남북정상회담, 남북비핵화공동선언, 북미정상회담 등 한반도를 둘러싼 국내외 정세가 초미의 관심사로 떠올라 조용할 날이 없다. 그런가 하면 노동시간, 최저임금, 금융기관들의 여신규제 등으로 크고 작은 기업들이 큰 어려움을 겪고 있다.

덩달아 상품 원가는 올라가고 국제경쟁력은 떨어지고 있다. 우리의 상품 수출이 둔화되니 기업들의 채산성은 떨어질 수밖에 없고, 내수 경기마저도 침체되어 국내 기업들은 그 어느 때보다 심각한 상황이다. 그런데 근로자들은 기업이 생사기로에 놓여 있어도 일방적인 임금 인상만을 주장하기도 한다.

개발도상국들의 부러움과 선진국들의 견제를 받아오던 우리가 언제부터인가 자만에 빠져 헤어나오지 못하고 허우적거리고 있으니 어쩌다 이 지경이 되었는가? 우선 나 자신부터 겸허한 자세로 스스로를 돌아보게 된다.

고임금과 수출 부진, 누적된 국제수지 적자로 국가 경제가 매우 걱정스런 상황에 놓여 있다. 특히 작은 기업들은 더 어렵다. 앞으로 여러 차례 치러야 할 선거 등 국내외적으로 더욱 어려운 여건이지만, 지혜를 모아 슬기롭게 대처해 나간다면 얼마든지 극복할 수 있다. 더 나아가서는 도약의 기회로 삼을 수도 있다.

이러한 다짐 속에서 '사장이란 과연 무엇인가'라는 명제를 통해 나를 돌아보며 결론을 얻었다.

즉 사장이란 함께할 사람을 잘 선택하는 능력이 우선이며, 더불어 사명과 철학을 공유하고 관계를 잘 맺는 것을 가장 기본으로 갖추고 있어야 한다. 결국 작은 기업 사장의 첫 번째 성공 요소는 사람과 사람의 관계를 잘 설정하고 유지하고 발전시키는 것이다.

사람과의 관계가 얼마나 중요한가는 사업에서뿐만이 아니다. 살아가면서 어떤 사람들을 만나느냐에 따라 인생의 방향이 달라질 수도 있기 때문이다. 부모형제는 내가 선택할 수 없는 운명적인 관계지만, 그 외에는 스스로 판단하고 선택할 수 있다.

주변 환경의 중요성을 강조한 한자성어로 근주자적근묵자흑(近朱者赤 近墨者黑)이라는 말이 있다. '붉은 것을 가까이하면 붉어지고 먹을 가까이하면 검어진다'는 뜻이다. 즉 좋은 무리를 선택하면 좋은 영향을 받아 더욱 발전하고, 나쁜 무리를 선택하면 더욱 나쁜 영향을 받게 된다는 것이다. 좋은 사람들과 교류하면 생활 습관이 변하고 성공적인 인생을 살 수 있다는 것을 꼭 기억해 두자.

그래서 사업상 매우 중요한 직원과 고객들과의 관계를 잘 설정하고 서로에게 유익이 되는 방향으로 나아가야 한다. 어쩌면 사업의 모든 것은 사람과의 관계에서 판가름 난다고 해도 지나친 말은 아닐 것이다. 특히 구성원들에게 가치(욕구를 충족시켜 주면)를 부여하면 더욱 성장해 나갈 것이고, 그들을 통해 생산성이 높아지는 선순환이 이루어질 때 기업이 발전해 나가는 것이다.

따라서 사장의 역할은 함께하는 사람들에게 비전을 보여 주고 그것을 공유하는 사람들에게 방향을 제시하는 것이다.

Chapter 02

작은 기업을
성공적으로 이끄는
경영관리

먼저 폭넓은 시야와
통찰력을 갖자

경영관리란 경영상에서의 각종 업무 수행이 경영 목적을 위하여 가장 효과적으로 행해질 수 있도록 여러 가지 시책을 체계적으로 연구하고 경영조직체를 만들어 이를 운영하는 일을 의미한다.

초기의 경영관리는 경영자의 경험과 직관력(直觀力)을 바탕으로 행해졌으나, 경영 규모의 확대, 경영 내용의 복잡화, 경영 환경의 급격한 변화 등으로 경영관리가 더욱 어려워졌다. 그에 따라 경영자의 역할은 더욱 증대되고 심화되었다.

그래서 회사를 성공적으로 이끌려면 경영활동의 제반 업무를 경영 목적에 맞게 운영하는 동안 가장 효과적인 결과를 얻어 낼 수 있도록 관리, 분석, 성과관리까지 꼼꼼히 챙겨야 한다. 또한 결과에 따른 피드백과 그에 대한 수정 보완 방안을 마련하여 종합적인 운영체계를 만들어 나가야 한다.

그러려면 가장 먼저 기본적으로 갖추어야 할 기본자세가 있다. 폭넓은 시야와 통찰력이다.

《회남자(淮南子)》〈설림훈편(說林訓篇)〉에 축록자불견산 확금자불견인(逐鹿者不見山 攫金者不見人)이라는 한자성어가 있다. '사슴을 쫓는 사람은 산을 보지 못하고, 돈을 움켜쥔 사람은 사람을 보지 못한다'는 뜻이다.

중국 제(齊)나라 때 금을 탐내는 사람이 있었다. 그는 아침 일찍 일어나 금을 파는 점포에 몰래 들어가 금을 훔쳤다. 점포 관리인이 그를 붙잡아, "사람들이 모두 그대를 보고 있는데도 어째서 남의 금을 훔쳤느냐?"고 물어보았다. 그 사람이 대답하기를 "금을 가지고 갈 때는 사람은 보이지 않고 금만 보였습니다(攫金者不見人)"라고 하였다.

이처럼 눈앞의 이익만 생각하다 보면 주위를 돌아볼 여유마저 잃게 되어 사람이 해서는 안 되는 기본 도리를 저버리게 된다. 바로 이것이 사업에 있어 통찰력을 가지고 전반에 걸쳐 관심을 기울여야 함을 알려 주는 것이다.

어느 한 방향에 매몰되면 전체를 보지 못하고 일을 그르친다. 즉 사장으로서 가장 근본인 인간성을 먼저 갖추어야 하고 이를 바탕으로 전체를 바라보는 통찰력으로 운용하여야 한다는 것이다.

다음 그림을 살펴보면 경영관리라는 것은 먼저 경영 철학 및 목표를 수립하는 것이다. 그리고 내부적 자원에 대한 역량을 정확하게 파악하여 이를 조화롭게 구성하고 그 힘이 극대화되도록 해야 한다. 또한 이를 구현하기 위한 조직을 구축함과 동시에 구축된 조직에 대하여 유연한 자세로 대처해야 한다.

한편 진행하는 업무의 효율성을 제고하여야 하며, 이러한 활동을 통해

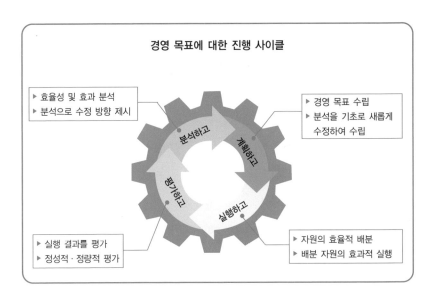

경영 목표에 대한 진행 사이클

▶ 효율성 및 효과 분석
▶ 분석으로 수정 방향 제시

▶ 경영 목표 수립
▶ 분석을 기초로 새롭게
   수정하여 수립

분석하고

계획하고

평가하고

실행하고

▶ 실행 결과를 평가
▶ 정성적 · 정량적 평가

▶ 자원의 효율적 배분
▶ 배분 자원의 효과적 실행

나타나는 결과를 정성적 · 정량적으로 평가해야 한다. 또한 이러한 평가는 공정하게 원칙을 가지고 해야 한다. 더불어 이를 바탕으로 불편부당한 부문을 개선하고 새롭게 정립하여 운영해야 하는 것이다.

다만, 이러한 과정은 반드시 총체적인 통찰력을 바탕으로 이루어져야 한다. 즉 사업의 대내외적인 환경 분석과 시장이 움직이는 환경에 대한 분석을 통하여 회사가 가야 할 방향과 추진력을 구축해야 한다.

좀 더 체계적으로 일련의 과정을 정리해 보자.

첫째, 경영 계획을 수립하고 성과를 평가하며 회사의 성장 전략에 맞는 목표를 설정하여야 한다. 설정 부문은 사업단위 조직별로 구체적인 매출 목표 및 예상 목표 수익, 그리고 그에 따른 투입 비용을 계획해야 한다. 조직 내부의 활용 가능한 자원을 목적에 맞도록 효율적으로 배분하고 집행해야 하며, 이에 대한 결과가 목표한 바대로 나타나도록 계획을 평가한다. 또 수행 결과가 목표 달성으로 이루어지도록 종합적인 관점에서 효율성이 있는지를 살펴야 한다.

둘째, 수행하는 사업에 대하여 전반적인 진단을 해야 한다. 그리고 그 진단이 실제 실적과 부합되도록 관리하고, 관리와 함께 보다 공격적인 성장 전략을 계획하여야 한다. 더불어 실천 방안을 수립하여 나타나는 결과를 파악한다. 파악한 결과를 분석하여 사업이 목표를 향해 정상적으로 운영되고 있는지 점검해야 한다. 한편 그 업무가 효율적으로 추진되는지도 살펴보아야 한다. 동시에 경영자가 보다 효과적인 의사 결정과 미래 성장에 대한 방향성 및 추진 목표를 설정할 수 있어야 한다. 이를 위해서는 제반 정보를 파악하고 분석하고 효율적인 활용 가능 상태로 구성해야 한다.

그럼 여기서 경영관리의 요체인 통찰력을 키우는 방법을 고민해 보자. 다음은 나의 경험이다.

우선 가장 쉬운 방법부터 소개하면, 신문 헤드라인을 자세히 체크하는 습관을 지니면 좋다. 헤드라인은 해당 기사를 한 줄 혹은 한 단어로 요약하여 표현한 것이다. 따라서 이를 통해 훈련하는 방법은 헤드라인을 읽고 본문 기사를 유추해 보는 습관을 습득하는 것이다. 원래는 본문을 읽고 해당 본문의 주제어 혹은 키워드를 뽑아내는 것이 정석이지만, 우리가 얼마나 바쁘게 살아가는가? 몇 번 해 보면 어렵지 않다는 것을 알게 될 것이다. 이렇게 헤드라인을 통해 본문을 유추하다 보면 점차 맥락을 이해하는 힘이 생기게 된다.

다음은 관심 있는 주제의 사설을 읽는 습관을 갖자. 사설은 그 시대상에 필요한 화두를 던짐과 동시에, 그 화두가 나오게 된 배경과 화두에 대한 해결 방안을 정리하는 형식이 주를 이룬다. 몇 번 반복해서 사설을 읽으면 자연스럽게 시대를 관통하는 트렌드를 알게 된다. 또한 트렌드의 배경을 알게 되고, 그것이 현재 상황과 어떻게 연동되는지도 알수 있다. 결론 부분은 사설을 쓴 사람의 주장이지만 해당 트렌드를 이해하고 의미에 대해 알 수 있다. 이러한 훈련을 마칠 즈음이면 자연스럽게 어떤 주제든 앞뒤 문맥에 대한 유추가 가능하고, 그 유추를 통해 결론도 도출해 낼 수 있다.

그런 단계에 이르면, 사업에 있어서도 해당 경력을 근거로 앞뒤 상황과 예상되는 미래에 대해 추론해 볼 수 있게 된다. 이것을 경영관리 프로세스에 대입해 보면 자연스럽게 전체를 조망하는 통찰력이 나타나게된다. 여러분에게도 권하고 싶은 방법이다.

결과를 만들어 내는 근원적인 힘은 통찰력과 판단력이다

사업의 성패는 총체적인 경영관리에 달려 있다. 따라서 통찰력을 가지고 내부의 보유 역량과 특정 시장에 대한 고객의 욕구, 필요 등의 변화를 캐치하여야 한다. 이때 그 변화의 중심을 균형감 있게, 자신의 사업에 필요한 정보를 정확하게 바라보는 안목을 지녀야 한다.

또한 이러한 통찰력으로 바라본 변화를 조직 구성원 간의 원활한 의사 소통을 통해 잡아내야 한다. 그리고 미처 잡아내지 못한 내용을 보완할 수 있는 유연한 소통의 장을 마련하여야 한다. 이렇게 되면 많은 사람들이 자발적으로 참여하게 될 것이다.

먼저 사업 실적으로 드러난 결과를 파악하는 것과 결과에 대한 근원적인 이유를 분석할 수 있어야 한다. 목표한 바대로 이루어진 결과를 얻는다면 좋겠지만, 목표한 바와 다르게 결과가 좋지 않다면 업무 수행 과정을 돌아봐야 한다. 그러면 수행 과정이 효율적이지 못한 부분이 있을 것이다.

또한 해당 사업이 효율적이고 정상적인 수행 과정을 거쳤음에도 불구하고 원천적으로 목표 수익 창출이 불가능한 구조를 지닌 것인지도 살필 수 있다. 즉 전체적인 틀을 분석할 수 있게 된다.

물론 이런 분석이 가능하려면 기초적인 재무제표상의 수치 자료를 이해할 수 있는 재무 지식도 있어야 한다. 말하자면 사업 전반에 걸친 총체적인 기획력을 갖추어야 한다.

즉 사업 환경에 따른 시장 진입을 기회로 활용할 수 있는 경영 전략을 수립하여야 한다. 더불어 그에 따른 사업 계획, 특히 재무적인 부문에 대한 종합적인 계획도 수립할 수 있어야 한다. 이러한 기획력의 근간은 바로 대내외 환경의 변화 속에서 회사가 나아가야 할 방향을 설정할 수 있는 통찰력이다. 그리고 제반 사업 계획에 대한 재무적 투자 타당성을 심사할 수 있어야 한다. 이때 반드시 냉철한 판단력을 갖고 접근해야 한다.

뿐만 아니라 경영관리상의 주요 업무로서 수행 결과에 대하여 이를 수행한 조직과 그 조직이 나타낸 결과를 평가해야 한다. 한편 평가에 앞서 평가를 위한 다양한 시스템도 구축하여야 한다. 사업 관련 의사 결정에 영향을 줄 수 있는 다양한 정보의 생성은 사업을 성공으로 이끌기 때문이다. 따라서 이를 종합적으로 판단하여야 하며, 책임감을 가지고 임해야 한다. 이 모든 활동은 사람이 중심이므로 반드시 의사 소통에 신경써야 한다.

당연한 말이지만 모든 구성원이 한 방향을 향해 갈 수 있도록 협업을 이끌어야 한다. 조직 자체가 살아 있는 생물처럼 유기적으로 움직일 수 있도록 관리해야 하는 것이다. 단위조직 간의 이견을 조정하고 원만한 이해관계가 구축되도록 중재하고 이에 대한 조정기능도 갖추어야 한다.

해운 항공 물류업을 하고 있는 나는 자연스럽게 수출을 하고자 하는 사람들에게 해당 수출국가의 정보를 제공하고, 통관에 대한 절차, 시장에 대한 지식을 전달하기도 한다. 수입하는 사람들과도 국내의 다른 경쟁업체 현황 정도는 자연스럽게 이야기를 나눈다.

이렇게 교류를 하다 보니 네트워크가 형성되어 어떤 때는 너무 많이 알아서 탈이 나는 경우도 있다. 정보를 교류하다 보면 상대방이 의사결정을 잘못하여 손해를 보는 경우도 종종 있다.

바로 이 대목에서 강조하고 싶은 것이 통찰력이다. 냉철한 판단력과 통찰력을 객관적으로 정립할 수 있을 정도가 되지 않으면 안 된다는 것을 강조하고 싶다.

그럼 여기서 통찰력을 확대할 수 있는 지혜를 제시해 보겠다.

GE그룹 잭 웰치 회장이 사용하는 방법이다. 바로 벤다이어그램으로 자신이 고민하는 문제에 관한 정의와 솔류션을 찾아가는 방법이다.

벤다이어그램으로 표현해 보면 생각한 바가 하나로 정리될 수 있다. 또한 어디가 중요한 포인트인지를 쉽게 찾아낼 수 있다. 머리로 생각하는 바를 도형으로 보면 전체를 조망하는 것이 훨씬 수월해진다. 그리고 체감하는 정도도 크게 차이가 나타날 것이다. 요약 정리된 그림은 생각하는 바를 보다 쉽게 전달할 수 있다. 또한 그 문제에 대한 핵심도 쉽게 정돈된다.

처음에는 간단하게 핵심 부문만을 그리면 된다. 그 다음에 점차 필요한 부분을 보완해 가면서 살을 붙여 나가면 자연스럽게 우선순위를

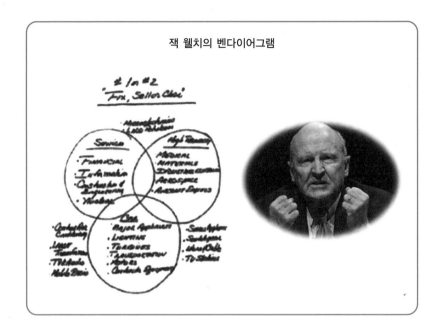

잭 웰치의 벤다이어그램

알 수 있다. 그 순위에 따른 힘 혹은 자원을 배분할 근거도 알 수 있게 된다. 잘 정리된 벤다이어그램 하나면 모든 것을 설명할 수 있게 되는 것이다.

남들보다 앞선 통찰력이라고 믿는 부분이 주관적인 판단은 아닌지 냉정한 눈으로 바라보아야 한다. 바라볼 때는 통찰력을 발휘하여야 진정한 성공 키워드를 잡아낼 수 있다. 그러려면 보다 확신에 찬 마무리를 해야 한다. 한 장의 도면으로 냉정하게 또 객관적으로 정의를 내리는 기회를 갖기 바란다.

벤치마킹, 판단, 고객에 대한 감수성, 자본과 시장은 강한 사장의 5대 요소다

절차탁마(切磋琢摩)라는 말이 있다. '옥이나 구슬같이 단단한 물체를 자르고 갈고 쪼개고 다듬는다'는 뜻이다. 즉 아무리 귀한 옥구슬이라도 다듬는 과정을 거쳐야만 귀한 보물이 되는 것이다. 학문이나 인격 또는 어떤 기술을 얻으려면 피나는 노력이 뒤따르는 수련 과정을 통해 결실을 맺는 것을 의미한다.

《논어》〈학이편〉에 보면 이런 대화가 나온다. 공자의 제자 자공(子貢)이 공자에게 묻는다. "가난하면서도 아첨하지 않고 부유하면서도 교만하지 않다면 어떻습니까?" 공자가 대답하기를, "괜찮구나. 그러나 가난하면서도 도를 즐기고 부유하면서도 예(禮)를 좋아하는 것만은 못하다." 자공이 응답하기를, "시경에 나와 있는 '끊는 듯, 닦는 듯, 쪼는 듯, 간 듯'하다는 것이 바로 이것을 말하는 것이로군요!"

자공은 《시경》을 인용하여 공자가 말씀하신 '가난하면서도 도를 즐기고 부유하면서도 예(禮)를 좋아하는' 수준에 다다르기 위해서는 '절차탁마'가 필요함을 이야기했다.

사업을 하려면 어느 수준의 경지에 이르러야 하는데, 그렇게 되기까지 절차탁마의 과정이 필요하기에 이 한자성어를 소개했다. 사업에서 성공의 싹을 틔우려면 수많은 어려움이 따른다. 이러한 고생을 조금이라도 적게 할 수 있는 방안을 나름의 경험과 지식을 통하여 제시해 본다.

먼저 가장 쉬운 방법은 벤치마킹이다. 사업 준비에 있어서 다른 기업들은 어떤 전략과 방법으로 사업을 준비하는지 분석해 본다. 또 좋은 점과 나쁜 점을 구분한다. 이러한 분석을 자기 사업과 연계시켜 나름의 기준으로 재정의해야 하는 것이다.

사업의 과정은 대동소이하다. 큰 기업이건 작은 기업이건, 또 첨단 기업이건 전통적인 기업이건 비슷하다. 그러므로 내가 하려는 사업의 표준 모델이 될 만한 벤치마킹용 대상을 찾는 것이다. 수익성을 위주로 사업을 전개할 것인지, 사업의 영속성을 위주로 할 것인지, 다양한 요소들을 감안해야 한다. 이러한 결과를 내가 펼치려는 사업과 연계하여 필요한 부문을 벤치마킹하여 '내 사업화'를 시켜야 한다. 그냥 있는 그대로 베껴서 사용한다면 결코 새로운 사업은 없다.

그럼 어떻게 해야 할까? 벤치마킹한 부문에 나만의 그 무엇인가를 더 보태서 만들어 내야 한다. 그래야만 나만이 할 수 있는 사업이 만들어지는 것이다.

좀 더 세부적인 내용으로 들어가보자. 사업을 하려면 반드시 뚜렷한 경영 원칙을 갖고 있어야 한다. 그 원칙의 기반은 대표자의 마인드로부터 시작해야 한다. 사업을 하게 되면 하나부터 열까지 모두 결정을 내려야 하는 것이 사업의 전부라 해도 과언이 아니다. 고객을 응대하는 것도, 마케팅 또는 판매활동을 하는 것도 그렇다. 또한 직원을 채용하고, 조직을 구축하고 이를 관리하는 것도 마찬가지다. 또 사업에 필요한 자금을 조달하고, 거래처를 확보하는 것도 그렇다. 사업과 연계된 인프라 형태의 모든 부분을 찾고 형성하는 것도 해야 하는 것이다.

매일매일 크든 작든 의사 결정을 해야 한다. 이때 조직 전체가 인식하고 추구하는 경영 철학과 함께 모든 부분에 있어 기본적이면서 확고한 동일한 원칙이 있어야 한다. 그렇게 되면 본인뿐만 아니라 구성원들 그리고 고객들이 맞닥뜨릴 수 있는 여러 가지 혼란을 최소화할 수 있다. 그런 다음 정기적인 거래가 발생하는가를 살펴야 한다.

사업은 생존이 우선이다. 그러므로 사업의 외형적 형태보다는 우선 고정고객을 바탕으로 지속 가능한 거래가 발생하여야 한다. 이런 고객을 확보한다면 그들에게 제공하는 상품 및 서비스의 품질과 형태 등이 일정하게 유지되도록 해야 한다.

상품을 제조 또는 생산할 경우에는 일정한 투입과 산출을 통해 효율적인 생산이 이루어지는가가 중요하다. 또한 유통 또는 물류업의 경우 서비스업의 특성에 맞게 고객에게 일정한 서비스 품질을 제공하는가가 관건이다. 예를 들어 물류기업의 경우, 고객이 원하는 날짜와 시간에 맞추어 화물을 배송하는 것이 상품으로서 서비스 품질을 가르는 중요한 원칙이 되어야 한다. 이러한 부분에 있어 본인이 수립한 경영 원칙이 충분히 반영되고, 이것이 실제로 구현된다면 해당 사업은 반드시 성공에 다다를 수 있다.

고객이 느낄 수 있도록 어떻게 고객을 위한 가치를 증진시키느냐에 따라 그 속에 성공의 열쇠가 있다. 그리고 고객이 자발적으로 찾아오게 만드는 매력적인 요소도 갖추어야 한다. 그래야만 사업의 영속성을 확보할 수 있다.

사업 형태가 B to B(Business to Business) 또는 B to C(Business to Consumer)건 상관없다. 모든 기업은 필수적으로 가치 교환을 통한 차익을 실현해야 한다. 더불어 가치 교환은 그 정보의 격차로 대변된다. 따라서 가치 교환의 상대인 고객에게 자신만의 차별성을 부각시켜야 한다. 이 차별성이야말로 정보가 기반이 된다. 바로 이 점이 정보 교환을 기반으로 가치 증진을 생성시키는 것이다.

한편, 이렇게 사업의 기초를 갖추었다면 사업에 대한 구체적인 범위를 압축해야 한다. 그 방법 중에 스토리텔링이 있다. 사업에는 반드시 자신만의 스토리 생성이 필요하다. 사업 아이템과 내가 갖고 있는 자원, 즉 나의 스토리가 자연스럽게 연결되어야 한다. 본인의 사업과 연계된 경험과 현재의 사업과 이어지는 스토리가 있으면 고객이 이해하기 쉽다. 어떤 이유로 본인의 상품을 소비자에게 제안하게 되었는지를 담아야 한다. 상품을 개발하게 된 이유까지 세세하게 담을 필요는 없지만, 전달하려는 상품의 매력 요소를 강하게 어필할 필요는 있다. 만약 본인의 경험과 지식과 전혀 상관 없는 사업이라면 스토리를 구성하는 것이 정말 어렵다. 그래도 반드시 만들어야 한다.

스토리텔링이 어렵다면 그 사업의 성공 기회가 반감된다는 것을 알아야 한다. 나만이 만들 수 있는 스토리가 있는가가 사업의 종류를 결정짓는 중요한 요소이기 때문이다. 그럼에도 이런 사업을 하려 한다면 조금 다르게 접근해야 한다. 아니면 사업 성공의 가능성을 높이기 위하여 일상생활에서라도 영감을 얻는 방식을 취해야 한다.

미국에서 제일 큰 컴퓨터 음성인식 소프트웨어 트레이닝 회사인 '제퍼택(Zephyr-Tec)'을 운영하고 있는 레니 그라피스는 손가락이 마비된 뒤 장애인에게 음성으로 컴퓨터를 조작하는 방법을 가르치는 이 회사를 세웠다. 그의 스토리가 성공을 만들어 낸 것이다. 또 '아밀리아 비누'의 아밀리아 안토네티 사장이 아들의 아토피를 고치기 위해 친환경 비누 사업을 시작한 것 역시 스토리의 힘이다. 엄마의 마음이 고스란히 사업에 녹아들어 자연스러운 스토리가 생성되었다.

이렇게 내가 겪고 있는 일상의 불편함을 해소하기 위해 사업을 시작하여 스토리가 생성되는 것이다. 바로 이 점이 성공을 일구어 낸 스토리의 힘을 보여 주는 좋은 사례라고 할 수 있다.

사업의 방향성이 정립되었다면 다음은 자금이다. 모든 활동에는 돈이 들어간다. 흔히 자본이 없어서 사업을 못한다는 말을 많이 한다. 그러나 실질적으로 먹고 마시고 돌아다니는 모든 비용은 자본이다. 자본이 없다는 말이 성립되려면 '큰돈이 들어가지 않는다'가 전제되어야 한다.

그렇다면 자본 없이 할 수 있는 사업은 없는 것일까? 이런 사업을 검토해 보면 어떨까?

먼저 평소에 쌓아온 능력의 힘이 필요한 사업이다. 물론 쉽게 이룰 수 있는 건 없다. 돈 없이 할 수 있는 건 없다. 그렇지만 평소 훈련을 통해 돈이 되는 것들이 있다. 바로 재능과 인간관계 그리고 지식이다.

먼저 중개사업이다. 이 사업은 자신이 갖고 있는 인간관계를 활용하는 것이다. 즉 부동산 중개와 같다고 보면 된다. 중개업은 시장과 상품 가격이 중요한 요소이며 유통의 한 형태다. 중개업은 네트워크 파워가 필요한 사업이다. 상품의 가치보다는 수요와 공급의 불균형이 가치를 창조할 수 있는 사업이다. 중개사업은 상품의 교환가치가 크면 클수록 이를 특화하여 비즈니스의 가능성이 큰 영역으로 볼 수 있다. 이는 정부의 허가가 필요한 부분이 있지만 아직 시장이 형성되지 않은 영역도 있다. 영업력이 가장 우선순위지만 영업보다 설득과 관계의 힘이 작용하는 영역이다. 물론 중개하는 상품도 매력적이어야 한다.

또 다른 사업으로 요즘 각광받고 있는 1인 미디어 사업이다. 소셜미디어 전성시대다. 유튜브, 트위터, 페이스북, 인스타그램, 카카오스토리, 밴드 등 사회관계형서비스(SNS)를 한 번도 써보지 않은 사람은 없을 것이다. 대학생들 사이에서는 인스타그램이 인기이고, 나이든 사람들은 카카오스토리를 통해 근황을 전하고 있다. 각종 동창회나 모임 소식은 밴드를 통해서 공유한다. 그만큼 미디어의 힘이 방송 매체 혹은 미디어기업에서 일반 개인으로 분산되고 있다. 이제는 조직이나 회사에서도 SNS를 잘 이용하는 것도 마케팅 실력으로 인정받는다. 회사나 제품을 홍보하는 것도 SNS가 효과적이기 때문이다.

수년간 유튜브, 트위터, 페이스북, 블로그 등을 운영해 온 사람들이 많다. 이들은 SNS가 전세계 사람들과 교류할 수 있는 좋은 사업 도구라고 추천한다. 또한 SNS 활동이 인생을 바꿔 놓는 계기가 되는 경우도 많다. 최근 들어 방송뿐 아니라 신문, 경제지에도 1인 유튜버들의 성공 사례를 보여 주고 있다. 요지는 그들이 생각보다 많은 고소득을 올린다는 사실이다.

'세상에 공짜는 없다'는 말이 있다. 실제 자본이 아무것도 없는 상태에서 이런 사업을 하면 성공한다는 등의 얘기는 사기에 가깝다. 자본 없이 사업을 시작할 수 있다고도 한다. 그러나 이에 대한 전제조건을 갖춘 사람만이 가능하다.

나는 해운 항공 물류업을 주업으로 하고 있다. 물론 다른 사업도 많이 해 봤다. 돈 없이 했던 사업을 잠깐 소개하겠다.

물류업은 많은 사람들을 만나게 된다. 그렇게 쌓인 인맥은 다양한 사업 기회를 제공한다. 특히 중개에 관한 일이 꽤 매혹적인 조건으로 들어온다. 특히 중국이 가까이 있어 더욱 그런 기회가 많았다. 하지만 어떤 경우는 실패하고 어떤 경우는 성공했다.

그 차이를 살펴보면 아주 단순하고 간단하다. 해당 물건을 잘 아는 경우에 있어 기초적인 정보를 바탕으로 한 상태에서 나름의 기준으로 정한 수급 희망자를 매칭시켰을 경우에는 성공률이 매우 높았다. 그러나 어느 한 부분, 특히 수급 희망자의 말만 믿고 해당 상품에 대한 정확한 정보는 도외시한 채 중개를 한 경우에는 반드시 실패했다. 아니 실패뿐만 아니라 금전적인 손해도 보았다. 같은 중개사업이라도 철저한 준비와 상품에 관한 지식이 없는 경우에는 실패할 수밖에 없다.

모든 부분이 마찬가지지만 세심한 눈으로 아우르는 자세가 반드시 필요하다. 이것이야말로 사업에 있어 성공을 이루는 초석임을 명심하기 바란다.

신규 시장 진입 때
시장성, 경쟁사, 경쟁력을
철저히 검토하라

《사기(史記)》〈항우본기(項羽本紀)〉에 나오는 선즉제인(先卽制人)이라는 고사는 '남보다 먼저 일을 도모하면 남을 쉽게 앞지를 수 있음'을 비유하는 말이다. 유사한 고사로 《한서(漢書)》에 선발제인(先發制人), 후발제어인(後發制於人), 선수를 치면 남을 제압하고, 후수를 치면 남에게 제압당한다는 말도 있다. 여기서 선(先)은 먼저라는 시간적 의미로 해석할 수도 있지만, 본래 최선(最善)이라는 의미가 있다.

선즉제인이란, 시장 진입 전략은 말 그대로 사업을 하려는 시장에 본인이 뛰어들 때 어떻게 효과적으로 들어가서 안착할 것인가에 대한 계획이라고 보면 된다. 새로운 시장이란 신규 사업이 될 수도 있고 새로운 지역이 될 수도 있다. 시장 진입을 할 때 우리가 바라볼 요소가 무엇인지를 생각해야 한다. 그리고 해당 시장에서 사업을 하려는 주체의 자원, 즉 역량을 냉정하게 분석해야 한다. 또한 외부환경을 파악하여 효과적인 진입 방안을 결정해야 한다.

먼저 목적에 따라서 달성해야 하는 목표를 정해야 한다. 시장 진입 목적이 무엇인지를 결정하는 데 있어 정확한 사업 방향성을 설정해야 한다. 기존에 하고 있는 사업과 해당 사업과의 시너지 효과도 검토해야 한다. 또한 경쟁사와 비교하여 어떤 부분을 강점으로 필요한 부분을 선점할 것인가도 살펴야 한다. 한편 법률적으로도 문제가 될 부분은 없는지 검토해야 한다. 특히 규제와 지원책 여부, 트렌드에 맞는지를 반드시 점검해야 한다.

또 안정적인 시장 진입을 위해서 우선 해당 사업이 위치하는 산업의 전반적인 매력도도 체크해야 한다. 시장 규모와 성장 가능성을 확인하고, 경쟁 환경도 보아야 하는 것이다. 경쟁의 강도는 어느 정도이고, 진입 장벽은 무엇이고, 경쟁사들은 어떤지를 살펴야 한다. 즉 사업과 연관된 환경분석을 해야 하는 것이다.

그리고 고객의 특성과 추진하는 주체의 현황도 정확히 파악해야 한다. 우리가 갖고 있는 자원은 무엇이며, 해당 사업에 대한 핵심 역량은 갖고 있는지, 과거의 경험은 물론 어느 정도의 수익성을 추정할 수 있는지도 예상해 보아야 한다.

신규 사업 시장 진입 전략은 핵심사업 강화(Maximize the core), 인접영역 확대(Expand into adjacencies), 사업다각화(Explore new frontiers) 이 세 가지 순서로 진행하는 것이 좋다.

핵심사업 강화에 대해 살펴보자. 현재 시장에서 자리잡고 있는 기업들은 어느 정도 핵심 경쟁력이 있다고 보아도 무방하다. 바로 그 핵심 경쟁력을 활용하여 신규 사업 진출에 있어 관련 분야로의 사업 확장이 있을 수 있다. 개인이나 기업이 가지고 있는 핵심 경쟁력이 저마다 다른 상황에서 새로운 사업에 진출하기 위해 다시 경쟁력을 구축한다는 것은 쉽지 않다. 디즈니는 본업인 만화를 기반으로 음반, 놀이공원, 출판, 비디오사업 등 기존 사업과 관련 있는 엔터테인먼트라는 인접영역으로 확장해서 성공한 것이다.

신규 사업은 한두 해에 걸쳐 뚜렷한 성과를 나타내는 경우도 있지만 그렇지 않은 경우가 더 많다. 그렇기 때문에 장기적인 시각에서 접근하여 실수를 인정하는 조직문화 속에서 비즈니스를 수행할 수 있는 분위기가 만들어져 있어야 한다.

다음은 핵심 타깃 공략에 집중해야 한다. 핵심 타깃은 단지 제품을 구매하는 것뿐 아니라 여러 가지 도움이 되는 아이디어를 제공한다. 또한 제품의 개선 포인트를 제공하여 제품 개선에 도움을 주기도 한다. 또 빅마우스(Big-Mouth)로서 시장 분위기를 리드해 나가는 사람들이기도 하다. 이들을 통해 긍정적이고 강력한 구전효과를 기대할 수 있다.

이들의 평가와 이야기는 매우 중요하다. 이들은 타인들의 제품을 구매하는 데 있어 기준 역할을 수행하기도 한다. 따라서 초기 핵심 타깃 공략을 통해 강력한 관계를 구축할 수 있어야 한다.

마지막으로 추진 전략에 대한 과감성이 중요하다. 안정적인 시장 진입을 위해서는 시장의 진입 기회는 우리가 예측하는 것보다 훨씬 빨리 열리거나 훨씬 늦게 열리는 경우가 있다. 아무튼 시장의 성장이 예상되는 시점에서는 과감한 투자가 필요하다. 이는 시장 내에서 자신의 존재감을 확고하게 구축하는 데 도움을 준다. 다른 것은 다 갖추었는데 적절한 타이밍을 맞추지 못해서, 또는 투자를 과감하게 하지 못해서 실패하는 경우가 있다.

사실 신규 시장에 안착한다는 것은 말처럼 쉬운 일이 아니다. 기존 시장 내에서도 경쟁이 심화되어 경쟁우위를 확보, 유지하기 어려운데, 신규 시장에 진출하여 경쟁력을 갖는다는 것은 더더욱 어렵다.

하지만 기업이 장기간 생존하려면 지속적으로 신규 사업을 개척하여 성공을 이루어 나가야 한다. 특히 기존 사업 분야에서 잘나갈 때 신규 사업을 준비하여야 한다. 캐시카우(Cash Cow)가 줄어드는 상황에서는 신규 사업에 집중하거나 전념할 수 없다. 새로운 시장에 진출하여 성공하기 위해서는 앞에서 열거한 많은 요소들이 필요할 것이다.

그러나 무엇보다 중요한 것은 기존 사업 분야에서 강력한 리더십을 확보해야 하는 것이다. 성공이란 그것을 경험해 본 사람이 그 기분을 잘 알기 때문이다. 이것이 향후에도 성공 가능성을 높여 주기도 한다. 기업도 마찬가지로 자신의 분야에서 성공하지 못한 기업이 잘 알지도 못하는 분야에 진출해서 잘 할 수 있다고 생각할 수는 없다.

물론 그 반대의 경우도 많다. 그렇기 때문에 기업 입장에서는 리스크를 최소화해야 한다. 그리고 가능성은 최대화해야 한다. 바로 이러한 관점에서 본다면 기존 사업에서의 성공이 밑거름이 되어야 효과적이라는 것이다.

나는 간혹 새로운 사업에 대한 투자 제의를 받곤 한다. 그럴 때 반드시 체크하는 것이 있다. 과감성도 있고, 신규 시장에 대한 매력도 있고 다 좋아도 제의한 사람의 품성을 먼저 본다. 그 사업과 연계되어 있는 사람들의 인간성을 먼저 살펴보는 것은, 이것이야말로 사업의 첫 단추이고 시장 진입 이전의 체크포인트라고 생각하기 때문이다. 절대적으로 성실하고 진실성이 있어야 함을 말하는 것이다.

그래서 그런지 나름의 기준에 부합하는 사람과의 협업은 성공한 경우가 많았다. 그러나 기준에 부합하지 않고 해당 사업의 주변 환경 요소들만 분석하고 접근한 경우는 실패를 맛보았다.

한 번은 전북 익산에 있는 한 대형 마트에서 300평 규모의 공간을 확보하여 다양한 상품을 판매한 적이 있다. 나름 큰 기대와 꿈을 가지고 화려한 이벤트를 준비하여 자신있게 영업을 시작했다. 하지만 결과는 대참패였다. 무엇이 잘못되어 이 지경에 이르게 되었는지 차근차근 따져 보았다.

앞서 언급한 주변의 환경요소만을 믿고 속단했던 것이 가장 큰 패착이었다. 인구수 대비 내방 고객의 수준 등 필요한 요소는 모두 검토하여 일을 벌였는데, 너무 표피적인 분석만 했던 것이다. 종합적인 사고, 즉 너무 근시안적인 요소만을 분석하였던 것이다.

처음 일주일은 예상대로 진행되었으나 구매력이 일주일 만에 소진되고 말 줄은 생각지 못하였다. 소비자들은 자신이 구매하는 한계가 정해져 있었다. 새로운 것을 공급하지 않으면 이내 관심을 끊는다는 것을 간과한 것이다. 즉 공급망 관리를 좀 더 세심한 계획하에 단계적으로 끌고 갈 수 있도록 조절을 해야 했다.

처음부터 과도한 자원 투입으로 처음에는 반짝 특수를 누렸지만 지속적인 힘을 유지하는 데 실패했다. 이 일을 제안한 대형 마트 관계자는 잘 알고 있었다. 그러나 순간적인 자신의 이득을 위해 신뢰를 바탕으로 중요하게 체크해야 할 부분을 알려 주지 않았다. 상권의 특성을 알았다면 좀 더 면밀한 계획을 수립하였을 텐데, 무척 안타까웠다.

그렇다고 그 사람을 탓하는 것은 아니다. 순전히 나의 잘못된 환경 분석 때문임을 알기에 여러분에게 되돌아볼 기회를 주고 싶어 이렇게 고백하는 것이다.

다시 한번 강조하고 싶다. 표피적인 분석뿐 아니라 해당 사업을 둘러싼 모든 분야를 꼼꼼히 체크해야 한다. 그리고 냉철한 판단을 바탕으로 최선을 다하는 길밖에 없다.

사업은 단순한 거래가 아닌 고객과의 관계를 형성하는 것이다

선시어외(先始於隗)라는 고사가 있다. '가까이 있는 사람이나 말한 사람부터 시작하라'는 말이다.

춘추전국시대, 연(燕)나라가 영토 대부분을 제(齊)나라에 빼앗기고 있을 때의 일이다. 이런 어려운 시기에 즉위한 소왕은 어느 날 재상 곽외에게 실지(失地) 회복에 필요한 인재를 등용하는 방책을 물었다. 그러자 곽외는 이렇게 대답했다.

"신은 이런 이야기를 들은 적이 있습니다. 옛날에 어느 왕이 천금을 가지고 천리마를 구하려 했으나 3년이 지나도 얻지 못했습니다. 그러던 어느 날 잡일을 맡아보는 신하가 천리마를 구해 오겠다고 자청하므로 왕은 그에게 천금을 주고 그 일을 맡겼습니다. 그는 석 달 뒤에 천리마가 있는 곳을 알고 달려갔으나 애석하게도 그 말은 그가 도착하기 며칠 전에 죽었다고 합니다. 그런데 그가 그 죽은 말의 뼈를 오백금이나 주고 사오자 왕은 진노하여 '과인이 원하는 것은 살아 있는 천리마다.

누가 죽은 말뼈에 오백금을 버리라고 했느냐?'며 크게 꾸짖었습니다. 그러자 그는 '이제 세상 사람들이 천리마라면 그 뼈조차 거금을 주고 산다는 것을 안 만큼 머지않아 반드시 천리마를 끌고 올 것'이라고 말했습니다. 과연 그의 말대로 일 년이 안 되어 천리마가 세 필이나 모였다고 합니다. 하오니 전하께서 진정으로 현재(賢宰)를 구하신다면, 먼저 신 곽외부터 스승의 예로 받들도록 하십시오. 그러면 곽외 같은 자도 저렇듯 후대를 받는다며 신(곽외)보다 어진 이가 천릿길도 멀다 않고 스스로 모여들 것입니다."

소왕은 곽외의 말을 옳게 여겨 그를 위해 황금대라는 궁전을 짓고 스승으로 예우했다. 이 일이 알려지자 천하의 현재들이 다투어 연나라로 모여들었는데, 그중에 조(趙)나라의 명장 악의를 비롯하여 음양설의 비조인 추연, 대정치가인 극신과 같은 큰 인물도 있었다. 이들의 보필을 받은 소왕은 드디어 제국의 군사와 함께 제나라 황실을 쳐부수고 숙원을 풀었다.

이렇듯 주변부터 챙기고 하나하나 시작하면서 서서히 큰일을 도모할 수 있는 능력을 키우는 것이 중요하다. 사업에 필요한 트렌드는 내 주변의 작은 변화부터 살펴보고, 이를 통한 기회를 찾아야 한다. 바로 이를 알려 주는 고사가 '선시어외'다.

기술과 산업이 발전함에 따라 소비자의 행동이 계속해서 바뀌고 있다. 그리고 소비자의 행동이 변하면서 마케팅 전략도 끊임없이 진화하고 있다. 변화하는 소비자의 욕구 및 구매 행동은 소비 트렌드로 나타난다. 이는 사업가들이 반드시 익히고 대응해야 할 중요한 포인트다.

특히 요즘은 공급자와 고객 간의 접점이 매우 다양한 채널로 구축되어 있다. 그래서 소비자를 기업이 원하는 방식으로 제어하기가 어려워졌다.

따라서 고객이 어떤 방식을 통해 공급자와 교류하는지에 관계없이 어디서든 일관되게 접근해야 한다. 즉 매력적으로 고객이 해당 상품을 경험하게 하는 것이 사업의 성패를 가르는 중요한 요소가 되었다. 고객에게 더 탁월한 경험을 전달할 수 있는 마케팅 전략에 대해 알아보자.

오늘날 소셜미디어는 마케팅뿐만 아니라 고객 서비스 측면에서 필수적인 요소가 되었다. 또한 고객이 불만을 표출하는 데 있어서 가장 강력한 채널이기도 하다. 최근 들어 구매 후 서비스에 대한 소비자 요청이 급증하고 있다. 이에 기업은 실시간 응대를 할 수 있도록 인적 및 기술 자원에 대한 투자가 매우 중요한 요소로 자리 잡았다. 소셜미디어상의 고객 불만에 대응할 만한 역량을 충분히 갖추지 못한 기업들은 큰 어려움에 직면하게 된 것이다.

한편, 디지털 영향력이 증가함에 따라 오늘날 소비자의 기대에 부응하기 위해서는 개인화된 고객 경험을 제공할 수 있어야 한다. 이를 위해 향상된 데이터 수집 능력과 수집한 데이터를 효과적으로 분석하는 능력이 반드시 필요하다.

앞으로 소비자는 제품을 구매할 때 음성인식 인공지능 스피커나 스마트 TV, 커넥티드 카(Connected Car) 등을 더 많이 활용할 것으로 보인다. 소비자는 물건을 구입하는 과정에서 다양한 채널과 기기를 사용한다. 이때 구입할 물건에 대해 조사하거나 리뷰를 남기는 등의 방법으로 공급자와 교감하게 된다.

이렇게 공급자에 대한 기대를 형성하는 과정은 단순한 거래가 아닌 관계를 형성하는 과정에 가깝다. 이런 구매 과정을 통해 고객의 행동을 보다 잘 이해하고 공급자는 개인화된 서비스를 제공하게 될 것이다. 데이터가 자동으로 생성되는 모바일의 중요성은 앞으로 더 강화될 것이고, 모바일 환경에 적응하는 것은 선택이 아닌 필수가 되었다.

사업가는 고객을 제품 구매로 이끌어 내기까지 모든 접점에서 고객과 접촉해야 한다. 고객과의 거래를 위한 여정에 있어 모바일 기기는 매우 중요한 부분이 된 것이다. 모바일 환경에 대한 적응 없이는 비즈니스 성장을 장담할 수 없다. 그래서 소비자 행동을 분석해 가장 선호도가 높은 제품을 추천할 수 있어야 한다.

많은 기업들이 다양한 채널에서 일관된 고객 경험을 제공하기 위해 노력하고 있다. 그러나 여전히 실천하기는 어렵다. 디지털 환경에서 채널을 초월해 개인화된 콘텐츠가 필요하다. 이를 활용하여 고객의 충성도를 높이고 고객에게 최선의 경험을 제공하는 것이 중요하게 된 것이다.

나는 아직 컴퓨터를 잘 다루지 못한다. 그저 정보를 검색하고, 간단한 문서를 만들고, 모바일 기기를 이용하여 SNS 소통을 하는 정도다. 그러나 한 가지는 안다. 바로 21세기는 모바일 유틸리티가 무엇보다도 중요하다는 사실 말이다.

대학원 과정에서 앞서 언급한 모바일, SNS, 소셜미디어 등을 배우고 있다. 책 읽기를, 좋아하는 취미를 활용하여 1인 미디어에 관심을 두게 되었다. 그래서 책을 읽고 나서 콘텐츠를 만들어 블로그에 올리고 있는데, 무언가 콘텐츠를 확보할 수 있는 능력이 필요하다고 생각되어 보고,

느끼고, 듣다 보니 자연스럽게 트렌드를 구현하는 사람이 되어 가고 있다.

현재 주력하고 있는 사업과는 조금 차이가 있다. 하지만 점차 해운 항공 물류업과 관련된 콘텐츠도 구상 중이다. 물론 쉽지는 않지만 참 재미있는 경험이다. 좀 더 익숙해지면 현재 사업을 활용하여 트렌드에 맞게 적용할 수 있을 것이다.

해외 직구, 직구 물품의 통관, 직구 물품에 대한 관세 등의 콘텐츠를 만들 예정이다. 또한 온라인에서 C to C(Consumer to Customer)로 판매하는 사이트도 구상 중이다. 그리고 이를 통해 수출입 업무 등에 관한 경험을 공유하는 콘텐츠도 기획하고 있다.

여러분도 지금 하고 있는 사업과 관련된 분야를 정리하여 유튜브 동영상 콘텐츠를 만들어 볼 것을 권한다. 재미도 있고 유익한 일이 될 것이다.

경영자는
누구와 왜, 어떻게, 무엇을 가지고
싸워야 하는지 알아야 한다

중국 청나라 소설가 샤징취(夏敬渠, 1705~1787)의 소설 《야수폭언》에 나오는 절도봉주(絕渡逢舟)라는 고사는 '건너갈 길이 끊어진 곳에서 배를 만나다' 라는 뜻이다. 즉 '절망적인 상황에서도 길은 있다', '위기 속에 기회가 있다' 라는 의미다.

사업은 고난과 역경의 연속이다. 그 길에서 성공을 이루기 위해서는 절대적인 위기 속에서도 자신이 세운 목표를 향해 달려가야 한다. 그 가운데 가장 기본 지침으로 삼아야 할 원칙인 사업 전략이 있어야 한다.

이러한 사업 전략은 끊어진 길에서 홀연히 나타나 위기를 헤쳐 나가는 배와 같은 역할을 한다. 이렇듯 사업에 있어 어떻게 전략을 준비하는가가 매우 중요하다.

사업 전략은 장기적인 목표와 비전 달성에 있어 이보다 중요한 일은 없다고 해도 무방하다. 그래서 결코 소홀하게 다루어서는 안 된다. 그런데도 많은 이들이 사업 전략을 그냥 머릿속으로만 계획하는 사례가 많다. 사업 전략을 효과적으로 구축하고 실행하기 위해서는 적어도 전략 수립 프로세스가 어떤 의미를 지닌다는 것은 알아야 한다.

먼저 많은 기업들이 매년 수립하는 전략과 목표를 단지 사업 계획 수치를 계획하는 정도로 오인하는 것부터 바꾸어야 한다. 왜냐하면,

첫째, 사업 전략에는 새로운 아이디어와 창의적인 전략을 담아야 하는 것을 잊어서는 안 되기 때문이다.

둘째, 사업 전략을 수립한 것은 사업에 있어서 변화를 유도하고 의사 결정에 중요한 원칙을 제공해 준다는 사실임을 알아야 한다.

셋째, 전략을 수립하는 과정과 내용이 구성원들에게 제대로 의미를 주지 못하고 효과적으로 전달되지 못하는 상황이 빈번하게 발생하는 것을 극복해야 한다.

이러한 문제들을 극복하였다면 사업 전략에서 반드시 다섯 가지 정도는 감안하여야 한다.

첫째, 매년 비전과 장기 전략과의 연계성을 점검하는 형태로 지속적인 수정 관리가 필요하다. 목적지를 향해 나아갈 때 방향을 잃지 않기 위한 조타수 역할을 해야 한다.

둘째, 급변하는 경영 환경을 점검하는 기회로 활용하여야 한다. 변화하는 환경과 시장에 대해서 항상 관심을 갖는다면, 장마철을 앞두고 우산 대신 나막신을 만드는 실수를 하지는 않을 것이다.

셋째, 경쟁자를 확인하는 것도 잊어서는 안 된다. 새로운 경쟁자의 출현을 감지하고 경쟁자의 위치와 전략을 확인해야 한다. 마라톤 같은 장거리 선수가 경쟁자가 누군지 모른다면 말이 안 된다. 자신의 레이스

조직원과 소통도 하였다. 그 결과가 지금까지의 영속성을 확보한 부분이 있었다고 생각한다. 여러분도 한순간의 성공, 한순간의 사업이 아니라 지속성 있는 사업이 목표일 것이다.

- 목표한 성공적인 수치
- 사업의 영속성 확보
- 꿈을 같이 하는 조직원과의 소통

이러한 부분을 갖고 싶다면 반드시 사업 전략의 중요성을 다시 한번 명심해야 할 것이다.

작은 기업을
강하게 만드는
4가지 키워드

《채근담(菜根譚)》에 나오는 수적천석(水滴穿石)이라는 고사는 '떨어지는 물방울이 돌을 뚫는다' 는 뜻으로, 본래는 작은 잘못이라도 계속 누적되면 커다란 위험이 될 수 있음을 비유했다. 그러나 현재는 보잘것없는 아주 작은 힘이라도 꾸준히 노력하면 큰일을 이룰 수 있음을 이르는 말로 통용되고 있다. 《맹자》에 이런 말이 나온다.

"깊이 팠는데도 물이 안 나온다고 우물 파기를 포기하지 마라. 하고자 하는 뜻을 가지고 있는 사람은 마치 우물을 파는 일에 비유할 수 있다. 우물은 아홉 길까지 파내려 갔다 해도 마지막 한 길을 파지 못하고 그친다면 우물 파는 것을 포기하는 것이나 마찬가지다."

요즘은 장인 정신이 부족하다는 말을 많이 한다. 장인 밑에서 여러 해를 참고 배우려는 사람들이 드문 것은 참을성이 부족하기 때문이라는 것이다. 작은 걸음으로 한 걸음씩 가면 멀리 갈 수 있는데, 그 작은 걸음을 경시하는 사람이 많다. 무조건 속성으로 배우고, 속성으로 일을 마치려 한다. 기다리는 맛이 없고 참을성도 없다. 그래서 긴 인생 경주에서 끝까지 완주하지 못하는 안타까움을 자아내게 한다.

낙숫물이 바위를 뚫는 자세를 가져야 한다. 꾸준한 성실함이 천재를 이긴다는 마음을 가져야 한다. 성실하게 하루하루를 열심히 살아가는 사람만이 이 시대의 진정한 주인공이 될 수 있다.

'늘 보던 사람끼리 모여 봤자 특별한 성과를 기대하기 어렵다'는 문제에 대해 생각해 보자. 여기에 그 해답을 보여 주는 사례가 있는데, 바로 세계 최대 금광 회사인 골드코프(Goldcorp)다. 골드코프는 1999년 채굴량이 계속 줄어드는 가운데 새로운 금광을 찾지 못해 커다란 위기에 봉착하였다. 매우 높은 연봉을 주고 채용한 인재에게 발굴 작업을 하게 하여 난관을 타개하고자 하였다. 그러나 고용된 유명한 지질학자들도 회사가 필요로 하는 금광의 위치를 정확하게 찾는 것이 매우 어렵다는 말만 되풀이하는 상황이었다.

경영상 악화일로로 치닫던 골드코프는 마침내 특단의 조치를 취하게 된다. 바로 기업의 극비 사항이던 금광과 관련된 지질 자료를 웹사이트에 공개했던 것이다. 그리고 이 정보를 활용하여 '금 찾기 콘테스트' 이벤트를 개최하였다. 50만 달러라는 큰 상금도 내걸었다.

그러자 전세계에서 77명의 참가자들이 관심을 갖고 몰려들었다. 주부, 통계학자 등 다채로운 배경을 가진 77명의 참가자들은 각자의 논리를 가지고 110곳의 금광 위치를 제안했다. 이들이 제안한 곳 중 실제로 금이 발굴된 곳은 총 91곳으로 80%의 성공률을 기록했다.

금광을 하나도 찾지 못해 경영 위기를 겪고 있던 회사로서는 새로운 '노다지'를 찾아낸 것이다. 상금으로 내건 투자액(50만 달러 상금)의 6천 배인 30억 달러를 벌어들이는 기회를 포착한 순간이었다. 다시 한번 정리하면, 고액 연봉의 '지질학자'가 아닌 보통사람들의 혜안으로 위기의 기업을 회생시키는 일을 해낸 것이다.

어떻게 그들이 지질학자들보다 더 높은 성과를 낼 수 있었을까? 바로 평범한 사람 여럿이 모여 만들어 낸 '다양성'이 그 해답이다. 다양성이라는 시너지가 금광 찾기의 효과를 극대화했던 것이다. 이렇게 다수가 모여 만들어 내는 '지혜'의 힘은 전문가가 가진 '지식'을 능가한다. 이를 경영학에서는 '집단지성(Collective Intelligence)'이라고 한다. 작은 기업도 전문가가 없어서 못하는 것이 아니다. 다만, 정말로 모든 구성원이 진정성을 갖고 참여했는가가 문제라는 것을 우리는 이 사례에서 알 수 있다.

여기서 사내 협업이 가진 힘을 믿고 우리 조직에서도 이를 발현시켜 보자. 골드코프의 사례처럼 '사내 협업에 더 적극적으로 뛰어들어 보는 것은 어떨까?' 감히 제안해 본다.

우리는 미래에도 사업이 지속되어야 하기에 계속 사업 준비를 하여야 한다. 미래 사업에 대한 준비는 사실 어려운 일이다. 워낙 빠르게 시대가 변하다 보니 철저한 계획 하에 움직인다는 것이 쉽지 않다. 그래서 미래 사업을 준비하는 데 있어 조직이 갖춰야 할 핵심 역량은 바로 '민첩성'이다.

초일류 기업들이 신사업을 시작할 때 모두 최소단위 규모로 시작한다. 그러한 환경 속에서 작은 성공을 만들어 가는 방식에 방점을 두고 진행한다. 여기서 중요한 부분은 규모는 작게 하되 최고의 자원을 투입하는 것이다. 그리고 투입 자원들이 독립적으로 해당 사업을 진행할 수 있도록 권한을 부여해야 한다는 점이다.

그리고 미래 사업은 기존 사업과 다른 방식으로 성과관리를 해야 한다. 사장은 이를 직접 챙겨야 한다. 미래 사업은 사업이 정착될 때까지 수익률이 저조하고 경우에 따라서는 손해를 감수해야 한다. 이러한 사업을 기존 사업과 같이 비교 평가하면 안 된다. 수익률이나 매출 등 재무제표상의 지표로만 비교, 평가한다면 사업이 제대로 궤도에 올라가는지를 판단하기가 정말 어렵다. 따라서 신사업에 대해서는 사업 단계별 주요 이슈들을 잘 수행했는지의 여부로 관리해야 한다. 현재의 성과 없이 미래 준비를 한다는 것은 어불성설이다.

미국 스탠퍼드대 경영대학원의 찰스 오라일리 교수 등 세계적 석학들은 미래 준비를 강조한다. 더불어 기존 주력 사업의 내실화 및 혁신이 함께 이루어져야 한다고 말한다. 그 이유는 위 내용과 같은 미래에 대한 준비 없이 오늘에만 충실한다면 기업이 영속되기에는 한계가 있기 때문이다.

결국 현재와 미래에 대한 요구 사항의 충족이 모두 일어나야 한다. 이와 관련하여 경영학 석학들은 리더들은 전략 수립이나 혁신 과정에서 나타나는 패러독스 상황을 인지해야 한다고 주장한다. 의사 결정 과정에서 양자택일을 하던 과거 방식에서 벗어나는 것이 먼저다. 그리고 그 과정에서 양자택이를 하는 사고로 전환해야 한다.

즉 오늘을 위한 경영을 하면서 내일을 위한 경영도 함께 준비하여야 한다. 바로 이러한 모순된 상황을 잘 극복하고 다룰 줄 알아야 한다. 결국 오늘날의 사장들은 단단하게 땅을 다지는 작업도 하고 더불어 그 위에 두 발을 딛고 서서 미래에 대한 전략적 그림을 그려내는 역량도 갖추어야 한다는 것이다.

나는 거래선을 만나면서 정보 교환뿐만 아니라는 대화를 즐겨 나눈다. 자연스럽게 상대방의 경험과 지식 그리고 시대 상황에 맞는 새로운 시각도 얻을 수 있는 기회이기 때문이다. 물론 진정성을 갖고 예의를 다하여 상대를 대하기 때문에 그런 기회를 갖게 되는 것이 아닌가 싶다. 가는 말이 고와야 오는 말이 곱듯이, 나도 진정성 있는 정보를 주고, 성심을 다해 나의 사업을 끌고 가는 것을 보여 주어야 한다. 그래야만 상대방도 마음을 열고 진정성 있는 정보, 트렌드, 전략에 대해 대화를 나눌 수 있다.

나는 감히 단언한다. 진정성이야말로 모든 일의 기초이고, 그 기초가 내가 처음에 주장한 사업 성공의 첫 요소인 사람 관계를 탄탄하게 해 주는 대들보라고 말이다. 여러분도 집안의 대들보가 중요하다는 것은 잘 알 것이다. 안다면 반드시 실행해야 한다. 이러한 진정성 있는 실행을 앞서 언급한 사례들처럼 소통과 다수의 진정한 협업을 구현하여야 한다. 이 성공의 황금 열쇠를 꼭 활용하길 바란다.

Chapter 03

작은 기업에 꼭맞는 마케팅 및 판매관리

작은 기업을 위한 마케팅은 무엇이며, 어떻게 해야 할까?

마케팅을 잘하려면 최대한 쪼개서 정리하고 실행해야 한다

마케팅은 고객을 만족시키고 감동시키는 단계까지 가야 한다

마케팅은 메시지의 단순화, 기존 고객의 재구매로 승부하라

구매자의 욕구를 이해하고 만족시키는 것에서 경영의 승패가 결정된다

영업판매관리는 다양한 분석과 실행을 통해 최적점에 도달할 수 있다

소비자가 원하는 다양한 정보와 실행이 중요하다

제품도 좋고, 잘 알려야 하며, 단골 고객을 만들어야 한다

작은 기업을 위한
마케팅은 무엇이며,
어떻게 해야 할까?

중국 사서의 하나인 《대학》에 격물치지(格物致知)라는 말이 나온다. '사물의 이치를 깊이 연구하여 지식을 확고히 한다'는 뜻이다.

여기서 격물의 격(格)은 가까이 마주 대한다는 뜻을 가진다. 물(物)은 물질세계의 모든 것을 일컬으며 추상적인 것과 대립되는 개념이다. 치지(致知)는 아는 것의 극치, 대충 아는 게 아니라 인간의 능력이 허락하는 한 최대한 정확하고 자세히 안다는 뜻이다. 그러니까 격물치지는 사물을 놓고 최선의 지식을 추구하는 것을 말한다.

여기서 마케팅과 연동하여 배워 보자. 사업의 성공은 마케팅이라는 활동을 얼마나 성실하게 수행하는가에 달려 있다. 최대한 많이 알고 이를 구현하는 격물치지의 정신이 마케팅을 통해 표출되어야 한다. 마케팅 활동은 아주 작은 것부터 세심하게 살펴야 한다. 그리고 이를 세분화하고 구체화하는 과정에서 종합적으로 되돌아보아야 한다. 즉 끊임없이 정진해 나간다면 반드시 성공에 다다르게 된다는 것이다.

먼저 마케팅의 정의부터 내려보자. 마케팅에서 마켓(market)이라는 말은 공급 측면과 수요 측면 양쪽에 존재하는 고객을 내포하고 있다. 즉 시장을 구성하는 나를 제외한 모든 대상을 총칭한다. 쉽게 말하면 시장에서 상품을 구매하는 고객, 또는 공급하는 고객을 뜻한다. 그중에서 특히 구매 고객이 매출과 연계되므로 좀 더 신경을 써야 한다.

그 다음 ing를 의미하는 것은 이러한 고객의 욕구를 해소해 주는 행위를 실행하는 것이다. 즉 고객이 필요로 하는 욕구를 충족시켜 주는 모든 행위를 말한다. 모든 행위라는 말에서 볼 수 있듯이 마케팅이란 기업의 존립을 포함하여 영속성을 위한 일체의 활동이다. 따라서 대단히 넓은 영역인 것이다.

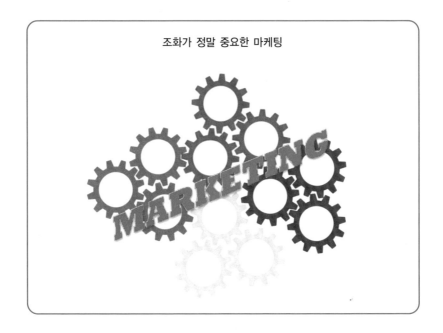

조화가 정말 중요한 마케팅

미국 마케팅학회에서는 "마케팅이란 개인과 조직의 목적을 충족시켜 주기 위하여 교환을 통해 목적하는 가치를 가져오기 위해 아이디어, 제품 및 서비스에 대한 생산, 가격 결정, 촉진 그리고 유통이라는 과정을 총체적으로 계획하고 실행하는 과정이다"라고 정의했다.

한국 마케팅학회에서는 "마케팅은 조직이나 개인이 자신의 목적을 달성시키는 교환을 창출하고 유지할 수 있도록 시장을 정의하고 관리하는 과정이다"라고 정의했다. 대동소이하지만 미국은 실행을 강조하고 한국은 관리를 강조하는 뉘앙스다. 즉 시장의 욕구를 어떤 형태로 대응하여 궁극의 목적인 매출을 혹은 매출의 잠재력을 끌어올리는 것으로 규정하면 좋을 것 같다.

그렇다면 시장의 욕구, 고객의 욕구는 무엇을 주요 포인트로 하는가를 알아야 그에 대한 대응책을 강구할 수 있다. 먼저 의·식·주 등의 기본적인 욕구인 필요(Needs)가 있고, 문화와 개인 경험에 의해 형성된 필요 충족을 위한 형태의 욕구인 원함(Wants), 그리고 특정 제품에 대한 수요(Demands)도 있다. 그 외에도 정의하기 어려운 욕구도 있을 것이다. 그래서 진행하고자 하는 사업이 어떤 영역의 욕구를 해결하기 위한 것인지를 알아야 한다. 또한 해당 욕구에 대한 시장 현황, 경쟁 요소 등에 있어서 주요 포인트를 찾아야 한다. 이에 대응하는 솔루션으로 시장진입에 대한 차별성을 구축하여야 한다.

그럼 소비자 관점에서 보는 마케팅을 살펴보자. 소비자는 가격, 품질, 서비스 등의 요소를 감안하여 대가를 지불하는 것이다. 이는 결국 욕구의 충족, 즉 만족을 얻기 위한 일련의 활동이다. 기업 마케팅의 결과로 표출되는 것이 곧 소비자 입장의 마케팅이다.

최근 들어 기업은 제품이나 서비스를 제공하는 것 외에도 사회나 사회 구성원들에게 다양하게 공헌해야 한다. 이러한 것도 기업의 중요한 마케팅 활동이다. 따라서 기업이 다양한 사회활동이나 기업활동, 환경문제나 사회문제 등에 적극적으로 관여해야 한다. 이러한 행위까지도 소비자들의 평가를 받는 시대가 되었다. 개개의 상품뿐만 아니라 기업 그 자체의 본질을 정확히 평가받는 것이다.

또한 기업 스스로 사회와 그 구성원들과의 관계를 적극적으로 만들어 가야 한다. 디지털의 발달은 공간적 제약을 뛰어넘어 다양한 영향력을 발휘하고 있다. 그래서 그 부분에 대한 마케팅이 점차 부각되고 있다. 이렇게 생각하면 '기업과 소비자가 제품이나 서비스를 통해 더 좋은 관계를 맺어 가기 위한 방법론'도 마케팅 활동에 있어서 기업의 어려움을 가중시키고 있다.

이러한 마케팅 활동은 환경분석, 전략수립, 실행방안의 과정으로 볼수 있다. 그중에서 가장 중요한 부분이 실행방안이다. 실행방안에서 특히 신경 써야 할 것은 목표 시장을 어떻게 구분하는가이다. 구분한 시장에서 존재하는 타깃에 대한 특성과 특성에 따른 자신만의 차별성 확보가 중요하다. 더불어 특정한 타깃에게 제품이 갖는 매력 요소를 어느 위치에 어떻게 포지셔닝할 것인가도 결정해야 한다.

그런 다음 수익성을 고려하여야 한다. 상품에 대한 가격 결정, 유통채널의 결정, 판매 촉진을 위한 결정을 한다. 그리고 이에 걸맞는 상품을 공급하는 과정을 수행하면 되는 것이다.

상품은 결국 소비자가 인정하는 절대가치를 갖추어야 한다. 그리고 가격은 절대가치를 제공하는 대가로 받게 되는 것이다. 이 과정에서

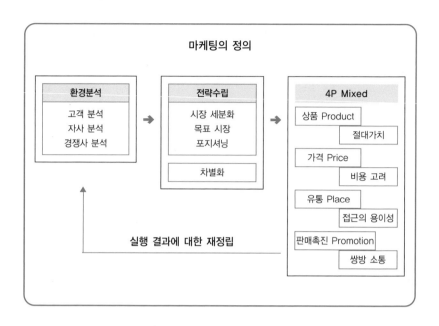

반드시 수익적인 측면을 고려한 형태로 결정이 되어야 한다. 유통은 소비자 입장에서 수월한 접근이 가장 중요한 포인트다.

마지막으로 판매를 위한 촉진 활동은 결국은 매력 요소의 소통적인 측면이라고 보면 된다. 즉 일방적인 밀어내기식 전달이 아닌 쌍방의 소통을 근간으로 자연스러운 관계 구축이 필요하다. 또한 관점의 소통이 반드시 이루어져야 한다는 것을 기억해야 한다.

마케팅을 잘하려면
최대한 쪼개서 정리하고
실행해야 한다

사람들은 흔히 마케팅 활동을 판매 활동으로 생각하는데, 그렇지 않다. 그렇다면 과연 판매 활동과 마케팅 활동은 어떻게 다른 것일까?

기업은 생존과 성장을 위하여 여러 가지 활동을 해야 한다. 이를테면 인적자원의 획득 및 유지, 기술개발, 자본 및 생산설비 확보, 원료 및 부품의 조달, 제품생산, 생산된 제품의 유통 및 판매, 판매 후 서비스 제공 등이 있다. 즉 마케팅이란 개인이나 조직의 목적을 충족시키는 교환이 이루어질 수 있도록 하는 행위다.

정보를 수집하여 상품을 개발하고 가격을 책정한다. 그리고 이를 촉진하고 유통시키는 활동을 계획하고 집행한다. 그러면서 고객을 위해 가치를 창조하고 소통한다. 또한 조직과 이해관계자에게 편익이 되는 방법으로 고객을 관리하는 일련의 과정이 모두 포함된다.

무엇보다 고객이 무엇을 원하는지 파악해야 한다. 고객이 원하는 바를 경쟁자보다 더 충족시켜 줄 수 있어야 한다. 마케팅의 대부분은 판매

활동보다 앞서서 일어난다. 다른 말로 하면, 마케팅은 무엇을 만들어야 잘 팔릴 수 있을지 고민하는 것부터 시작하는 것이다. 반면에 판매는 일단 만들어진 상품을 어떻게 하면 잘 팔 수 있을지 고민하는 것이다. 그러므로 마케팅 활동은 판매 활동을 포함한다. 판매는 마케팅의 일부분이다.

기업과 고객 사이에 교환이 일어나기 위해서는 그 교환으로부터 각기 가치를 얻을 수 있어야 한다. 즉 기업은 고객에게 효용을 제공하고 자신은 이익을 얻을 수 있는 상품을 개발하고 이를 적절한 가격에 공급한다. 이러한 교환이 활발하게 일어나도록 기업은 상품의 높은 가치를 제공할 수 있어야 한다. 그리고 이를 고객에게 알리고 교환에 참여하도록 설득하여야 한다. 또한 고객들에게 상품을 전달할 수 있는 체계를 갖추어야 한다. 상품(Product), 가격(Price), 판매촉진(Promotion), 장소(Place)는 마케팅 관리를 수행하는 데 가장 대표적인 수단이다.

이 네 가지 수단을 통틀어 마케팅 믹스(marketing mix), 더 간단히 4P라고 부른다. 모든 관리과정은 계획(plan)하고, 실행(do)하고, 통제(see)하고, 분석(Analysis)하는 절차를 반복적으로 밟게 된다. 마케팅을 잘하기 위해서는 계획(또는 전략)을 잘 세우는 것도 중요하다. 하지만 이를 빈틈없이 실행하고, 실행 성과를 확인하고 잘된 점과 잘못된 점을 철저히 분석하는 것도 중요하다.

마케팅에 대한 정의를 다음과 같이 그림으로 표현해 보았다. 잭 웰치가 많이 사용하는 벤다이어그램을 이용한 전략 설정 과정을 그려 본 것이다.

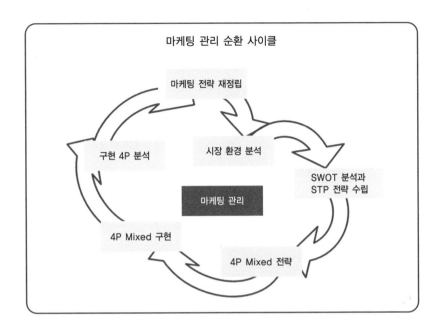

시장을 분석하고 나의 강점, 약점, 시장 진입 기회, 진입 장벽을 고려해야 한다. 그 뒤에 타깃에 대한 세분화를 하고 시장의 포지셔닝을 어떻게 할지 정한다. 그리고 어떤 상품을 어떤 판매가격으로 어디서 판매할지와 판매를 위한 각종 홍보활동을 어떻게 합종연횡할지 고민하여야 한다. 더불어 이를 실행한 상황을 분석하여 새롭게 전략을 정리하는 과정인 것이다. 자신만의 마케팅 정의를 표현해 보는 것도 좋은 방안이다.

좀 더 깊이 들어가 보자. 이러한 마케팅 과정을 효율적으로 수행하기 위해서는 보다 잘 정돈된 마케팅 전략이 있어야 한다. 마케팅 전략이란 판매실적을 증대시키고, 경쟁상품에 비하여 차별적 경쟁우위를 확보하는 것이다. 즉 마케팅 전략은 기초적인 목표를 달성하기 위한 계획이다.

필립 코틀러는 마케팅 계획을 수행하는 방법으로 대내적 환경분석과 대외적 환경분석을 통하여 시장을 구성하는 전반적인 환경에 대한 관찰과 분석을 내놨다. 이 분석을 바탕으로 시장을 세분화하고, 세분화할 때는 자신의 사업 규모와 성장하고자 하는 범위를 규정하여야 한다. 바로 시장이라는 파이를 쪼개는 작업을 의미하는 것이다. 이러한 과정 속에서 나의 경쟁 상대는 누구이며, 그 상대를 대적하기 위한 나름의 전략을 고민하여야 한다. 즉 자신만의 매력 요소를 차별화해야 한다.

다음은 구획 정리된 시장에서 고객군에 대한 접근, 즉 타깃에 대한 접근을 어떻게 할 것인가이다. 물론 이때의 계획은 당연히 시장에서의 가격적인 면과 품질적인 면 등을 종합적으로 고려한다. 내가 목표로 하는 타깃의 성격을 규명하여 최적의 수익을 도출해 낼 수 있는 고민도 함께 해결하여야 한다. 그러면 자연스럽게 시장에서 자신의 상품이 혹은 서비스가 어떤 위치를 점하게 되는지 알게 된다. 이것이 포지셔닝(Positioning)이다.

포지셔닝은 시장 전체를 바라볼 때 어떤 방향으로 갈지를 정하는 것이다. 바로 상품 혹은 서비스의 생성, 성장, 쇠퇴, 소멸 과정 중에서 어느 지점을 통과하고 있는지를 알 수 있는 좌표가 될 수 있기 때문이다. 모든 종류의 상품은 시장의 생성, 성장, 쇠퇴, 소멸의 과정을 거치게 되어 있다.

이러한 계획 과정을 거친다면 다음은 실행 단계다. 실행을 하려면 마케팅 4요소를 믹스하여 투입 상품에 대해 가격과 유통장소, 판매촉진 활동을 구사하여야 한다. 즉 실질적인 수치를 생성하는 작업을 하는 것이다. 이러한 실적은 다양한 평가 요소를 활용하여 원래의 계획과 일치하는지 여부를 판단한다. 그리고 이를 다시 분석하는 과정을 되풀이한다.

이를 가장 수월하게 세팅하는 방법은 잭 웰치가 즐겨 사용한 벤다이어그램이다. 바로 세 개의 원을 이용한 벤다이어그램 형태로 문제에 대한 정의를 단순화하는 방법이다. 자신이 필요로 하는 부분과 준비해야 할 부분, 그리고 이를 운용할 부분으로 나누어 역량과 자원을 나열한 다음 총체적으로 모든 것을 일목요연하게 정리하는 방법이다.

여기서 내가 하고 있는 사업을 예로 들어보겠다.

우리 회사가 가장 먼저 해야 할 것은 물동량이 큰 회사를 고객군으로 확보하는 것이다. 그리고 그들이 필요로 하는 공간에 안전하게 보관해 두었다가 목표지점까지 효율적으로 이동하는 것에 대한 서포트다. 또 실제 물류를 담당하는 이동 수단에 대한 효율적인 배치 부분으로 구분할 수 있다. 이를 놓고 내가 보유한 자원과 인력을 배분하여 수익 목표를 달성하는 관리를 한다.

물론 우리나라가 수출이 활발하게 이루어지고 물동량이 지속적으로 증가하는 것이 나의 역량으로 해결될 부분은 아니다. 다만 전반적인 시장 현황을 시시때때로 파악하는 것이 중요하다. 그리고 주어진 시장 상황에서 내가 주력해야 할 부분의 선택과 집중을 분석하는 것이다. 이러한 일련의 행위들을 지금까지 정리한 방식으로 마케팅 활동을 수행하고 있다.

각 부분별로 나름의 노하우는 스스로의 노력으로 얻게 될 것이다. 하지만 업종의 특성에 맞게 미시적인 부분까지도 고민해야 한다. 그리고 다양한 해결 방안들을 시도해야 한다. 그러다 보면 실수를 저지르기도 하고, 이를 극복하여 다시 자기화하는 과정을 겪게 될 것이다. 이러한 과정은 성공에 좀 더 가까이 가는 데 피할 수 없는 길이다.

마케팅은
고객을 만족시키고
감동시키는 단계까지 가야 한다

노자의 《도덕경》에 상선약수(上善若水)라는 말이 나온다. 상(上)은 위라는 뜻이고, 선(善)은 착하다는 뜻이다. 그러므로 가장 위에 있는 선은 가장 위대한 선이다. 약은 ~와 같다는 의미다. 그러므로 약수(若水)는 물과 같다는 뜻이다. 따라서 상선약수는 '가장 위대한 선은 물과 같다'는 것이다.

노자가 세상을 물처럼 살아야 한다고 한 것은, 물은 만물을 길러 주고 키워 주지만 자신의 공을 남과 다투려 하지 않기 때문이다. 물은 내가 길러 주었다고 일일이 말하지 않는다. 그저 길러 주기만 할 뿐이다. 바로 마케팅이 기업에서 물과 같은 역할을 해야 하는 것이다.

우리 주변의 모든 것이 마케팅의 대상이다. 마케팅은 효과적이고 효율적이어야 하며 소비자로부터 출발한다. 즉 소비자 관점에서 생각하고 행동해야 한다. 소비자를 논리적(Logic)으로 분석하고 논리적으로 대응해야 한다. 더불어 장단기적 계획을 가지고 접근하여야 한다.

나는 S물산의 남성복 담당 본부장을 잘 알고 있다. 그런데 어느 날 유니폼을 군부대와 연관된 공공기관에 납품하는 친구가 도움을 청해 왔다. 그 친구는 본래 군인 출신으로 그쪽에 네트워크가 잘 되어 있어 좋은 고객을 확보하고 있었다.

내용은 간단했다. 내가 S물산 본부장과 가깝다는 것을 알고 해당 제품에 대한 샘플을 활용하고 싶었던 것이다. 그저 단순하게 오더를 받기 위한 실물이 필요했던 모양이다. 간곡히 부탁하기에 S물산 본부장에게 전화를 걸어 사정을 얘기하고 도움을 청했다. 다행히 도움을 받아 그 샘플로 오더를 확정하고 납품 기회를 얻었다.

그런데 그것으로 끝이었다. 고맙다는 전화도 없이 연락이 끊어졌다. 몇 년이 지난 후 소문을 들어보니 그 일을 그만두고 정수기를 개발한다는 것이었다. 결론부터 얘기하면, 성과 없는 결과물, 매력 요소가 전혀 없는 과거형 제품을 출시하고 있었다. 지금은 정수 기능이 크게 강화된 신소재에 친환경 디자인 제품이 나와 있는데, 그 친구의 제품은 삼투압 방식을 이용한 정수기였다. 게다가 핵심 부품인 작은 모터를 중국의 한 조그만 업체로부터 공급받고 있었다. 즉 경쟁력 없는 제품을 만들어 낸 것이다. 고객을 제대로 파악하지 못한 것이 그런 상황을 초래한 것이 아닌가 생각한다.

그때 그 친구를 보면서 나도 스스로를 돌아보는 계기가 되었다.

여기서는 제품 이전에 제품을 대하는 기본 자세부터 가져야 한다는 것을 강조하는 것이다. 이 책을 읽는 이들은 기본적인 자세를 갖고 있다고 보고 이야기를 풀어나가겠다.

주어진 제품 시장 내에서 원하는 기업의 목표를 달성하는 것이 목표다. 이런 목표를 설정하고 표적시장을 선정해야 한다. 또한 설정한 목표나 핵심전략 그리고 표적시장에 대하여 적절한 마케팅 믹스 전략을 수행하여야 한다. 이러한 과정으로 기업의 비전과 목표, 사업영역, 선정된 사업영역에서의 경쟁방식 등을 구체적으로 제시하는 것이 바로 마케팅이다.

과거의 시장은 판매자와 구매자가 만나 교환이 일어나는 장소였다. 최근의 시장은 특정한 장소라는 개념보다 특정 제품이나 서비스의 실체 또는 잠재적 구매자들의 집합을 뜻한다.

시장을 만든다는 것은 자사 제품을 누구에게 팔 것인지, 어디에서 얼마에 팔 것인지, 어떤 방법으로 더 잘 팔리게 할 것인지를 결정하는 것이다. 시장을 만드는 궁극적 목적은 고객의 '니즈'를 찾아내고 이를 만족시키기 위하는 활동이다.

시장에 대한 분석은 시장의 범위를 정하고 그 구조를 파악하는 것이다. 타 기업이 흉내낼 수 없는 기업의 독특한 자원 및 역량을 활용하여야 한다. 이러한 핵심 역량으로 차별적 우위를 점하는 부분도 만들어내야 하고, 이를 통해 가치를 창조하여 모방하기 어려운 희소성을 갖도록 하여야 하는 것이다.

이에 대해 필립 코틀러는 고객을 위한 가치 창출을 통해 수익성 있는 고객과의 관계를 구축하고 그 반대급부로 기업의 가치를 실현시키는 과정이라고 정의했다.

- 1단계 : 시장과 고객 욕구를 이해해야 한다.
- 2단계 : 고객지향적 마케팅 전략을 설계해야 한다.
- 3단계 : 탁월한 고객가치를 전달하기 위한 통합적 마케팅 전략 프로그램을 개발해야 한다.
- 4단계 : 수익성 있는 고객과의 관계를 구축하고 고객 감동을 창출하는 단계를 거쳐야 한다.
- 5단계 : 고객가치 창출의 대가로 기업이 그 가치를 수익으로 획득하는 상황이 된다. 바로 성공이라는 고지를 점령하는 것이다.

우리 회사에 필립 코틀러 교수의 이론을 적용한 결과를 소개하면, 첫 사업을 시작할 때 우리나라는 수출을 강조하며 성장을 구가하던 시기였다. 시장 환경이 보다 확실하고 깔끔한 수출 업무 처리를 위한 물류 서비스가 정말 필요한 상황이었다. 자연스럽게 시장과 고객의 욕구가 분명하게 보이던 시대였다. 정말 운이 좋았다.

고객 지향적 마케팅도 시작 때부터 선적 물건들에 대한 스케줄을 알려 주는 서비스로 고객의 마음을 사로잡았다. 자신들의 물건이 어디서 언제 어떻게 처리되고 있는지를 수시로 확인시켜 주었다. 그 부분도 정말 좋은 고객 서비스였다.

그리고 통합적 전략 마케팅에서도 가격적인 면이나 창고 보관 기간을 여유있게 제공했다. 의도적으로 한 것은 아니지만 자연스럽게 물류에 있어 통합적인 탄력성을 확보하여 고객들에게 제공했던 것이다. 고객을 좀 더 만족시켜 주고자 하는 진정성이 있었기에 가능한 부분이었다.

이러한 일련의 과정이 회사의 기본적인 서비스로 장착되었다. 이것들이 강력한 경쟁력으로 작용하여 필립 코틀러 교수가 얘기한 과정을 자연스럽게 구현하게 된 것이다. 그리하여 고정거래선 확보에 도움이 되었고, 22년째 회사를 운영해 오고 있다.

다시 한번 정리해 보면, 먼저 시장과 고객의 욕구를 이해하고 고객 지향적 마케팅 전략을 설계해야 한다. 그런 다음 통합적 마케팅 전략 프로그램으로 고객의 가치를 높여 주어야 한다. 그러면서 수익성을 점검하고 감동을 창출하는 단계까지 노력해야 한다. 이렇게 한다면 고객 가치 창출의 대가로 성공한 기업가의 타이틀을 얻게 될 것이다.

마케팅은 메시지의 단순화, 기존 고객의 재구매로 승부하라

《맹자》〈공손추(公孫丑)〉 상(上)에 나오는 발묘조장(拔苗助長)이라는 고사는 '벼의 순을 잡아 빼어 조금 더 자란 모습을 보인다'는 뜻이다. 즉 '급하게 서두르다 오히려 일을 망친다'는 이야기다.

중국 송나라에 어리석은 농부가 있었다. 모내기를 하고 나서 벼가 얼마나 자랐는지 궁금해 논에 나가보니 다른 사람의 벼보다 덜 자란 것 같았다. 그래서 궁리 끝에 벼의 순을 잡아 빼보니 약간 더 자란 것 같았다. 집에 돌아와 식구들에게 하루 종일 벼의 순을 빼느라 기운이 없다고 하자 식구들이 깜짝 놀랐다. 이튿날 아들이 논에 가보니 벼들이 하얗게 말라 죽어 있었다. 농부는 벼의 순을 뽑으면 더 빨리 자랄 것이라고 생각해 이런 어처구니없는 일을 하였다.

작은 기업의 경우 대기업과 경쟁하면서 가장 좌절하는 부분이 마케팅이다. 대기업의 마케팅 예산은 작은 기업과는 비교할 수 없는 수준이다. 웬만한 대기업의 한 제품 광고비는 동일 제품을 판매하는 작은 기업의 매출액과 맞먹는다. 기업의 규모는 엄청나게 차이가 나도 결국에는 같은 시장에서 같은 고객에게 어필해야 하는 것이다. 그렇다면 마케팅 영역에서 작은 회사는 큰 회사를 어떻게 따라잡을 수 있을까?

첫째, 마케팅 메시지를 단순화할 것을 권한다. 전달하고자 하는 마케팅 메시지를 명확히 하고 단순화하는 것이 좋다. 사장 혹은 마케팅 팀에게 이 제품을 왜 구매해야 되는지를 물으면 제대로 답변하는 경우가 드물다. 단순히 가격이 좋다는 대답이 전부다. 즉 소비자 관점에서 전혀 차별화가 안 되는 답변을 한다.

이 제품을 구매해야 하는 이유를 소비자 관점에서 명확하게 차별화해야 한다. 그리고 선명하고도 직관적인 마케팅 메시지를 완성해야 한다. 범위를 더 좁히고 더 강력하게 다듬어 시장에 진입해야 한다. 이를 회사 제품 혹은 브랜드에 대해 적용하도록 완성하여야 한다. 그리고 사업 전반에 걸쳐 사업 콘셉트에 맞게 제품과 서비스를 제공해야 한다.

둘째, 입소문 마케팅을 활용해야 한다. 즉 구매 고객의 재구매와 주위 추천만큼 효과적인 것이 없다. 작은 기업은 제품과 서비스에 있어 기존 구매 고객의 재구매로 이어지게 하는 데 집중해야 한다. 새로운 고객을 유치하는 것보다 기존 고객의 재구매를 유도하는 것이 비용이 훨씬 적게 든다. 또한 주위 입소문도 기대할 수 있다.

사람들은 항상 새로운 것을 원한다. 작은 기업의 제품은 잘 알려져 있지 않기에 오히려 소문내기가 수월하다. 누구나 다 아는 제품이 좋다고 하는 것보다 나만 알고 있는 제품이 좋다는 이야기에 사람들은 더 흥미를 보인다. 예를 들어 맥도날드 빅맥이 진짜 맛있다고 하는 것보다 집 앞에 있는 작은 수제 햄버거 가게 치즈버거가 진짜 맛있다고 하는 것이

고객에게는 훨씬 매력적으로 들린다. 그래서 정말 가보고 싶은 마음이 드는 것이다.

작은 기업은 이러한 고객의 심리를 활용하여야 한다. 구매고객에게 나만이 알고 있는 특별한 제품임과 동시에 특별한 서비스라는 인식을 주어야 한다. 그래야 고객의 구매 만족도도 높이고 재구매와 주위 추천으로 이어질 수 있다.

세상이 좋아져서 제품과 서비스가 좋으면 알릴 수 있는 매체는 정말 많다. 페이스북, 인스타그램, 트위터, 카카오스토리 등 소셜미디어를 비롯하여 블로그, 인터넷 방송, 인터넷 매거진 등 너무나 많다. 어찌 보면 과거에 비해 작은 기업이 마케팅에 있어 대항할 방안들은 더 늘었다고 해도 과언이 아니다. 기존 고객의 구매 만족을 기반으로 그들을 통한 입소문을 적극 이용해야 한다.

엔터테인먼트 사업을 하는 내 친구는 콘서트홀 혹은 체육관을 빌려 대규모 공연을 진행한다. 언젠가 공연을 보러 갔다가 친구가 전화 받는 모습을 보게 되었다. 통화 내용은 고객이 차가 밀려서 조금 늦을 것 같은데 오후 8시 공연이 시작된 후에도 입장이 가능한지를 묻는 내용 같았다. 7시 55분경의 통화였다. 친구의 대답은, 8시 공연이 시작되면 입장이 불가하지만 귀한 시간을 내고 비용을 지불했으니 일단 무사히 도착해서 자기를 찾아오라고 했다.

나는 공연을 보고 나서 궁금하여 어떻게 처리하였는지 물어보았다.

친구의 대답은 간단했다.

"공연이 시작되고 25분이 지나서 도착해 발을 동동 구르며 찾아왔더라고. 울상을 짓고 있는 고객을 안심시킨 다음 공연장 내부 질서를 관리하는 사람과 무전통신을 했지. 공연 중간에 암전 타임을 알려 달라고 했어. 그리고 그 막간에 고객을 공연장 안으로 안내했는데 남은 공연을 잘 관람한 것 같아!"

원칙을 지키면서 상황에 맞춰 고객을 만족시켜 주는 친구의 모습을 보면서 참으로 많은 것을 느꼈다.

'작은 기업의 마케팅이 바로 저것이구나!' 하고 무릎을 탁 쳤다. 공연과 관련된 공급자와 구매자 그리고 해당 상품인 공연도 아무 탈 없이 원만하게 마무리되었다. 이것이야말로 작은 기업이 최선의 노력을 다한 마케팅이 아닌가 싶다. 좋은 방향으로 마무리되어 모두 만족스러운 행위야말로 마케팅의 기본이다.

구매자의 욕구를 이해하고 만족시키는 것에서 경영의 승패가 결정된다

《맹자》〈이루편(離婁編)〉에 나오는 역지사지(易地思之)는 '남의 처지를 바꾸어 생각한다'는 뜻이다. 여기서 '이루'는 사람의 이름이다. 그는 시력이 무척 좋아 백 보 밖에서도 사물을 구분할 수 있었다. 그런데 맹자는 이루를 예로 들면서, 아무리 눈이 밝아도 먹줄이 없으면 물건을 곧거나 둥글게 깎지 못한다고 말했다. 세상을 사는데 법규와 제도가 어째서 중요한지를 역설한 것이다. 이를 후대 사람들이 '역지즉개연(易地則皆然)'의 뜻을 담아 '역지사지'의 사자성어로 만든 것이다.

사업을 하는 사람은 늘 고객을 생각하고 그들의 입장에 서 있는 것이 역지사지를 실천하는 것일 텐데, 그것이 말처럼 쉽지 않다. 실천이란 고객에게 행동으로 보여 주는 것을 의미한다. 즉 상대의 처지를 생각하여 그에 대한 나의 태도를 바꾸거나 행동으로 실천을 해야 완성되는 것이다.

고객이란 무엇인가? 고객은 사업에 있어 그 누구보다도 중요한 사람이다. 고객의 운명이 우리에게 달려 있는 것이 아니라, 우리 운명이 고객의 손에 달려 있다. 고객이야말로 우리가 사업을 하는 데 반드시 필요한 존재다. 우리가 고객에게 상품 혹은 서비스를 제공함으로써 호의를 베푸는 것이 아니라 고객이 우리에게 그렇게 할 수 있는 기회를 제공하는 것이다. 고객은 말다툼을 하거나 누가 잘났는지를 겨루는 대상이 아니다. 고객을 이길 수 있는 사람은 아무도 없다.

고객은 우리에게 자신이 원하는 것을 요구하는 사람이다. 우리의 직무는 고객과 우리 모두에게 적정한 가격으로 이 요구를 처리해 주는 것이다. 고객이 누구인지 정확하게 알지 못하고는 고객의 요구를 알아낼 수 없다. 고객 또는 고객 집단이 규정되면, 이제 그들이 원하는 것이 무엇인지 알아내야 한다.

고객은 마음에 있는 모든 것을 다 말하지 않는다. 아껴두는 것도 있고, 숨겨두는 것도 있다. 또한 고객이 말한 것과 당신이 들은 것 사이에는 괴리가 있다. 고객 역시 바라는 것과 표현하는 것 사이에 괴리를 가지고 있을 수밖에 없다.

그리고 우리는 듣고 싶은 것만 들으려는 인간적 약점을 가지고 있다는 것을 잊지 말아야 한다. 고객도 자신이 무엇을 원하는지 확실하게 모르는 경우가 있다. 그리고 자신이 한 말을 바꿀 수도 있다. 고객의 다양한 요구의 변화를 관리하는 것은 어렵지만 해결해야만 하는 본질적인 과제다.

고객은 우리의 중요한 수입원이다. 경쟁과 소비자 지향의 시대에서 고객은 원하는 것을 선택한다. 기술과 능력이 아무리 뛰어나도 고객에게 선택되지 않는다면 이윤은 발생하지 않는다. 그러므로 고객 만족을 끌어내는 경영을 해야 한다.

고객 만족은 지금 현재 고객이 원하는 것이 무엇인지 정확하게 판단하여 해결해 줄 때 이루어진다. 고객은 인식하는 존재다. 고객의 인식은 매우 무섭다. 고객은 인식한 대로 욕구를 충족하려는 존재이므로 고객의 속성을 파악하고 있어야 한다. 고객은 문제를 인식하고 정보를 탐색하고 구매의사를 결정한다. 상품을 구매하고 만족을 느끼기 전에 상품에 대한 기존 인식은 매우 중요하다.

고객은 자기가 기대하는 가격대에서 최대한의 효용을 원한다. 고객이 기대할 수 있는 기대 효용치를 어떻게 형성해 가느냐, 이것이 주요 관건이다. 그래서 가치를 극대화하는 방법을 고려하여 가격을 설정해야 한다. '가격이 싸면 많이 오겠지' 하는 것은 어리석은 생각이다. 상품의 가치를 특성화하고, 상품이 지닌 부가적 가치도 높일 수 있어야 한다.

경영에는 왕도가 없다. 그러나 새로운 고객 확보와 매출 증가를 꾀하기 위해서는 고객의 눈높이에서 고객이 요구하는 것이 무엇인지를 알아야 한다는 사실은 확실하다.

인간은 진화에 따라 호모 하빌리스(Homo Habilis, 도구를 쓰는 사람) → 호모 에렉투스(Homo erectus, 선 사람) → 호모 사피엔스(Homo sapiens, 슬기로운 사람)로 불린다. 지금의 소비자가 진화 측면에서 최정점이 아닐까 싶다. 이에 소비자를 뜻하는 영어 단어 컨슈머(Consumer) 앞에 연관된 단어를 사용하여 좀 더 간결하게 소비자를 정의하고 있다.

고객은 제품을 고를 때 원료와 첨가물 등 성분을 꼼꼼히 확인한다. 또한 제조공법에도 관심이 많다. 웰빙 열풍과 함께 식음료 분야에서는 이것이 주요한 소비 행태로 떠올랐다. 특히 이들은 자신이 획득한 정보를 SNS와 블로그 등 온라인을 통해 공유한다. 이는 다른 소비자들에게 더욱 큰 영향력을 행사하는 스마트 컨슈머가 되는 것이다.

그리고 제품이 갖고 있는 이야기를 찾고 또 자신과 제품의 이야기를 적극적으로 알리는 행동을 한다. 비슷한 상품들이 쏟아져 나오고 제품의 품질이 상향 평준화됨에 따라 기업들이 차별화 전략의 하나로 제품 이야기를 담아내는 스토리텔링을 적극 활용하고 있다.

바로 이 점에 적극적으로 화답하는 스토리 컨슈머도 있다. 소비자들이 자발적으로 이야기를 주고받으며 교감한다. 즉 감성적으로 접근하여 제품과 브랜드에 대한 입소문을 내고, 인지도를 확산시키는 데 중요한 역할을 하고 있다.

회사가 존재하기 위해 필요한 단 한 가지는 무엇인가? 그것은 바로 고객이다. 유형의 재화를 파는 기업이든 서비스를 제공하는 기업이든 회사가 존재하기 위해서는 일단 고객이 있으면 된다.

하지만 무턱대고 새로운 고객을 자꾸만 유입시키는 것은 옳지 않다. 기존 고객들 중에 우리 기업이 제공하는 서비스와 재화에 만족하는 사람들을 잘 관리하는 것이 우선이다. 그리고 그들이 원하는 것을 더 제공하는 것이 중요하다.

한편, 고객을 이해하는 것은 매우 어려운 일이다. 60년대부터 90년대에 이르기까지 고객을 이해하는 가장 좋은 방법은 통계조사나 인터

뷰같이 직접 물어보는 것이었다.

심리학적 연구방법을 모방하여 설문지를 작성하고 인터뷰를 기획하는 것이 리서치 회사들의 일이었다. 특히 FGI(Focused Group Interview)와 같이 여러 사람을 한 공간에 모아놓고 이것저것 물어보는 방법을 활용하기도 했다. 그리고 제품이나 서비스를 테이블에 올려놓고 여러 사람에게 돌아가며 의견을 물어보는 방식도 많이 사용되었다. 그때 마케팅 담당자나 리서치 회사 직원들은 유리 벽면 뒤에서 이를 지켜보았다. 아니면 카메라로 이들의 모습을 관찰하였다. 이렇게 그들이 하는 말이나 행동에 숨겨진 코드를 해석하곤 하였다.

최근에는 인터넷 접속 기록과 다양하게 발생하는 데이터 분석을 통해 고객을 정의한다. 아무튼 우리 모두 소비자가 무엇을 원하는지에 대한 진실 찾기에 골몰하고 있다.

스티브 잡스라는 캘리포니아의 한 고집스러운 천재는 "고객들은 자신이 무엇을 원하는지 모른다"라는 한마디로 모든 것을 정리했다. 정확하게 말하면 그가 내놓은 제품들이 모든 것을 잠재웠다. 스티브 잡스는 자동차를 만든 헨리 포드가 고객들에게 무엇을 원하는지 물어봤다면, 20세기 초반의 고객들은 아마도 '더 빠른 말'이라고 했을 것이라고 했다.

새로운 혁신을 만들어 내는 것은 치밀한 고객 데이터 분석보다는 통찰력이다. 통찰력 있는 기획자들의 능력임을 증명한 대표적 사례가 바로 스티브 잡스와 그의 제품들이다.

하지만 이런 사실을 모두 알고 있는 우리는 우리 자신이 잡스가 아님을 알고 있다. 또한 우리가 일하고 있는 회사가 애플이 아님을 알고 있을 것이다. 우리 회사가 속한 산업이 혁신을 주도하는 하이테크 산업인 경우는 드물다. 그렇기에 스티브 잡스처럼 통찰력을 기대할 수는 없는 것이다. 그래서 우리는 또다시 고객에게 묻는다. 당신은 무엇을 원하는가?

고객이 원하는 것은 영원한 미스터리일까? 아니, 당신의 고객이 당신에게 원하는 것이 무엇이고, 그들이 당신에게 기꺼이 지불하고 얻는 가치는 무엇인지 고민해 보자. 그래야 성공할 수 있으니까!

영업판매관리는
다양한 분석과 실행을 통해
최적점에 도달할 수 있다

《채근담》에 나오는 복구자비필고(伏久者飛必高)는 '오랫동안 움츠리고 있으면서 힘을 비축해 온 새는 일단 날면 반드시 높게 치솟는다'는 뜻이다. 개선자사독조(開先者謝獨早)는 '먼저 핀 꽃이 일찍 진다'는 뜻이다. 이런 이치를 알면 현재 사업이 고달프다고 해서 포기할 필요가 없고, 또 조급한 마음을 가질 필요도 없다. 강남으로 돌아갈 제비가 더 멀리 가보겠다고 엄동설한이 다 되었는데도 웅크리고만 있다면 그저 얼어 죽기만을 기다릴 뿐이다.

낙엽 지는 만추에 느닷없이 희망의 꽃을 피울 수는 없다. 너무 이르지도 너무 늦지도 않게 때를 맞추는 지혜를 가져야 하는 것이다. 그 때를 위하여 지금 이 순간도 스스로를 연마하는 자세를 가져야 한다. 바로 우리가 추구하는 사업의 성공을 위한 관리처럼 꾸준히 진심을 다하여 정진해야만 하는 것이다.

영업판매관리(sales management)는 먼저 영업계획을 수립하는 것이다. 또 이를 수행하기 위해 영업조직을 설계해야 한다. 영업사원들을 선발, 교육, 훈련, 감독하고 동기를 부여하여야 한다. 그리고 이들의 성과를 공정하게 평가하는 활동을 총칭하는 것이다.

영업계획에는 표적시장, 판매목표, 구체적인 목표달성 방안, 예산 등이 들어 있어야 한다. 영업(매출)계획은 마케팅 계획에 기초하여 수립하되, 일단 영업(매출)목표가 수립되면 여기에는 매출액이나 이익과 같은 재무적인 목표들도 있다. 또한 고객만족도나 고객유지율과 같은 마케팅 목표들도 있다.

이러한 목표를 수립한 후 이를 추진하는 조직을 구축해야 한다. 영업조직에는 여러 가지 형태가 있다. 가장 대표적인 것은 지역별, 상품별 또는 고객별 조직이다. 모든 회사에 가장 적합한 영업조직 형태라는 것은 존재하지 않는다. 다만 기업별로 고객, 상품, 경쟁 그리고 영업사원의 수나 능력에 따라 적합한 형태를 구축하면 된다. 또 지역별, 상품별, 고객별 조직을 혼합한 조직형태를 취하는 방법도 있다.

이렇게 구축된 조직을 활용하여 영업을 관리하는 방법을 살펴보자. 탁월한 고객서비스는 영업관리의 필수요소다. 고객을 처음 접하는 그 순간부터 고객서비스를 제공하는 것이다. B to B 사업이든 B to C 사업이든 영업관리의 핵심이다.

고객과의 소통을 통해 고객이 원하는 것을 제대로 이해하는 것부터 시작이다. 고객이 만족할 만한 제안과 제품을 추천하는 것도 필요하다. 판매 후에도 내부 지원을 받아 고객서비스를 지속적으로 제공하는 것이 중요하다. 바로 이 부분이 고객유지율을 높일 수 있는 관리방법 중 하나다.

영업시장에서도 성공하는 데는 유사한 판매전략이 필요하다. 에너지, 열정, 동기 부여가 되는 환경, 제품에 대한 기본지식 등이 성공적인 영업 전략을 세우는 데 꼭 필요한 요소다.

전략이 세워졌다면 제품가격을 어떻게 할 것인지 정해야 한다. 일반적으로 B to C 제품은 B to B 제품보다 가격대가 저렴하다. 즉 B to C 영업에 있어서는 상품가격이 경쟁사보다 저렴할 때 이것을 판매전략의 하나로 사용할 수 있다. 하지만 B to B 영업에 있어서는 제품가격대가 대체로 높기 때문에 가격보다는 상품이 제공하는 부가가치에 중점을 두어야 한다.

B to C 영업은 소비자들의 즉각적인 필요 혹은 구매 욕구에 기반을 두고 있다. B to C 영업은 상품이 갖는 이미지가 소비자의 감정에 호소하는 경우가 많다. 그래야만 그 자리에서 구매하게 만들 수 있다. 따로 판매전문가와 상담하여 구매하는 경우는 별로 없다. 즉 마케팅과 상품 브랜드가 소비자의 구매 결정에 훨씬 더 많은 영향을 미친다고 볼 수 있다. 보통 B to C 영업은 최종 소비자와 관련하여 생각해야 한다. 구매에 대한 의사 결정이 종종 한 사람에게 달려 있기 때문이다.

하지만 자동차같이 상대적으로 고가 상품을 구매할 경우에는 다르다. 상당한 지출이 일어나기 때문에 가족의 결정이 구매에 영향을 미친다. 즉 상품 특성별로 고객의 의사 결정 구조도 차이가 난다. 바로 이 점이 관리의 핵심임을 알고 전략을 수립해야 한다.

B to B 영업은 일반적으로 더 높은 가격대의 상품이나 서비스를 다룬

다. 따라서 판매주기가 길기 때문에 네트워크를 바탕으로 구축된 관계를 통해 구매로 이어지게 된다. 소비자의 감정에 호소하여 판매하는 B to C 영업과는 달라야 한다. 판매하려고 하는 제품이 장기적으로 봤을 때 회사의 수익에 어떻게 도움이 될 수 있는지를 고려해야 한다. 영업 전략 관리의 핵심은 고객의 의사 결정 과정에 영향을 미침으로써 자사와 자사 제품 및 서비스의 선택 가능성을 높여 주어진 목표를 달성하는 것이다.

영업 실무자들은 목표 달성을 위해 다양한 전략 수립을 해야 한다. 새로운 영업 기회 발굴은 모든 영업 실무자의 숙명이다. 바로 끊임없이 수행해야 하는 영업업무의 핵심 중 하나다. 새로운 영업 기회는 아직 자사의 역량과 제품의 가치를 인식하지 못한 고객 혹은 시장에서 찾을 수 있다. 고객이 자사의 가치와 역량을 인식하면 새로운 영업 기회를 확보할 수 있다. 이를 위해 영업 실무자는 고객의 라이프 스타일과 경영 성과에 영향을 미치는 정보를 활용할 수 있어야 한다.

"기존 고객은 아직 우리보다 더 나은 대안을 발견하지 못한 고객이다"라는 정의에 대해 생각해 보자. 이는 기존 고객은 현재 거래하거나 사용하는 공급사 혹은 브랜드보다 더 나은 대안을 발견하면 언제든 구매처, 즉 공급사 혹은 브랜드를 바꿀 수 있다는 것이다. 영업 실무자와 조직은 기존 고객들을 지속적으로 머물게 할 수 있는 가치를 끊임없이 개발해야 한다.

고객의 구매 속성, 고객의 라이프 스타일 분석을 통해 고객에게 바꾸는 것이 유리하다는 것을 알려야 고객을 지속적으로 확보할 수 있다.

추가로 기존 고객을 대상으로 한 영업 전략에는 거래 집중, 그리고 추가적인 거래 확대 방법도 고민해야 한다. 기존 제품에 새로운 것을 추가해서 판매하는 업셀링(Up-Selling) 전략과 기존 제품에 연관된 것을 추가하여 판매하는 크로스셀링(Cross-Selling) 전략도 고려해야 한다.

또한 고객의 구매 속성을 중심으로 한 차별화 전략도 이루어야 한다. SNS를 활용한 고객 밀착도도 강화해야 한다. 즉 고객의 이탈 가능성 분석을 통하여 고객의 이탈을 막는 전략이 필요하다. 이렇게 발굴한 고객의 문제를 해결할 수 있는 가치를 제안해야만 하는 것이다. 그래야만 영업 기회를 확장할 수 있다.

영업 실무자가 제안을 통해 고객에게 구매하도록 하는 신제품에는 네가지가 있다. 하나는 전통적인 개념의 신제품이다. 다른 두 가지는 자사가 현재 개발중인 제품과 자사의 기술력이다. 여기에 하나 더 추가한다면 고객을 위한 솔루션 개발에 활용할 수 있는 외부 기술과 제품이다.

그래서 신규 상품을 활용하여 기존 고객 혹은 신규 고객에 따른 영업 전략을 각각 수립하여야 한다. 기존 고객에게는 추가 구매 유도 전략을 활용하여야 한다. 새로운 시장 개발 혹은 공동 개발 참여, 공동 비즈니스 창출 영업 전략도 수행할 수 있어야 한다. 영업 실무자에게 쉽게 극복할 수 없는 영업 상황도 있다. 새롭게 발굴한 고객이 이미 자사의 경쟁사와 거래를 하고 있거나 대체재를 사용하고 있을 때다.

오늘날의 기술적인 차이가 장기적인 경쟁력을 보장해 주지는 못한다. 가격 경쟁력 역시 지속성이 확보되지 않는 상황에서는 마찬가지다. 경쟁사 고객을 자사 고객으로 확보하기 위해서는 제품 혹은 서비스의 기능적인 가치에서 벗어나야 한다. 고객의 총 구매비용을 활용하는 새로운 시각으로 접근해야 한다.

고객의 총 구매비용은 구매 관련 비용, 소유 관련 비용, 사용 관련 비용으로 구성되어 있다. 가격은 고객의 총 구매비용 중 하나의 항목일 뿐이다. 고객의 총 구매비용을 이해함으로써 경쟁사가 놓치고 있는 비용을 대체할 만한 매력 요소를 제안해야 한다. 이런 방안을 통하여 새로운 영업 성과를 확보할 수 있다.

최근에 이슈가 되고 있는 IoT기술을 활용하면 좋다. 기계, 장비 등의 사전 점검과 실시간 모니터링을 주시해야 한다. 고객의 사용 관련 비용을 절감시켜 주는 기업들이 점차 늘어나는 추세에 주목할 필요가 있다. 새로운 영업 전략의 방향성을 볼 수 있는 부분이다.

영업 실무자가 고객을 공략하는 접점은 생각보다 다양하다. 고객을 공략하는 접점이 다양하다는 것은 영업 전략을 수립할 때 이 모든 접점을 고려해야 한다는 점을 내포하고 있다. 고객을 관리할 때 모든 접점에서의 경쟁사의 공격을 극복해야 한다는 것을 말하는 것이다.

영업 실무자가 활용할 수 있는 접점은 '필요 발견 → 정보수집 및 검토 → 구매 → 물류이동/배송 → 설치/보관 → 보관 → 사용 → 처분'이라는 과정 속에 있다. 각 과정에서 고객에게 새로운 가치를 제안하는 전략을 활용하면 틀림없이 좋은 결과가 있을 것이다.

소비자가 원하는
다양한 정보와 실행이 중요하다

계구우후(鷄口牛後)라는 고사성어는 중국 전국시대에 낙양 출신의 소진(蘇秦)이라는 종횡가(縱橫家, 모사)가 6국(한, 위, 조, 연, 제, 초)을 순방하면서 한 말이다. 그는 진나라의 동진을 막기 위한 계책을 제시하면서 한나라 선혜왕에게 이렇게 말했다.

"전하, 한나라는 자세가 견고한데다 군사도 강병으로 알려져 있사옵니다. 그런데도 싸우지 아니하고 진나라를 섬긴다면 천하의 웃음거리가 될 것이옵니다. 게다가 진나라는 한 치의 땅도 남겨 놓지 않고 계속 국토의 할양을 요구할 것이옵니다. 하오니 전하, 차제에 6국이 남북, 즉 세로(縱)로 손을 잡는 합종책으로 진나라의 동진책을 막고 국토를 보전하소서. '차라리 닭의 부리가 될지언정(寧爲鷄口) 소의 꼬리는 되지 말라(勿爲牛後)'는 옛말도 있지 않사옵니까?"

선혜왕은 소진의 합종설에 전적으로 동의했다. 이런 식으로 6국의 군왕을 설득하는 데 성공한 소진은 마침내 6국의 재상을 겸임하는 종양장이 되었다. '닭의 부리가 될지언정 소의 꼬리는 되지 말라'는 것은 곧 큰 집단의 말석보다는 작은 집단의 우두머리가 되라는 말이다.

삶의 방향을 정할 때 어떤 것이 옳은지는 잘 알지 못한다. 용의 꼬리로 사느냐, 뱀의 머리로 살 것인가? 누가 그 선택에 잘잘못을 가를 수 있겠는가?

고객이 자기 회사가 제공하는 상품을 알지 못하면 구매가 이루어지기는 어렵다. 그래서 먼저 고객들에게 자기 회사 상품들을 적극적으로 소개하는 것부터 시작해야 한다. 그리고 소비자가 구입하면 만족을 얻을 것이라는 메시지를 담은 다양한 판매 촉진을 해야 한다. 즉 정보를 제공하고, 고객과 교류하고, 고객의 요구에 맞춰 상품을 제공하고 매출을 올려야 한다. 그리고 고객의 만족도를 높여 재구매가 일어나도록 해야 한다. 또한 구매 고객이 스스로 해당 상품을 소개하는 우리 편으로 만들어야 한다. 확장 및 지속성 확보를 위해 꼭 필요한 일이다.

매출이 원하는 만큼 나오지 않는다면 어떻게 해야 할까? 반드시 두 가지 문제는 극복해야 한다. 그냥 시간이 지나면 좋아지겠지 하고 기다리는 것은 정말 아니다. 그래서 뭔가를 해 봐야겠다는 부담감, 심리적 압박에 시달리게 된다. 그러면 또 쓸데없이 이것저것 해 보게 되는데, 이것도 역시 아니다.

그럼 무엇을 해야 할까? 매출이 원하는 만큼 나오지 않을 때는 우선 매출이 일어나지 않는 요인을 분석하는 게 가장 먼저다. 정말 괜찮은 업종인데 홍보가 안 돼서 매출이 오르지 않는 것인지 살펴보고, 아니면 품질이 나쁜지 체크해 본다. 아니면 이 사업의 특징과 차별성이 고객과 맞지 않는지 분석해 봐야 한다. 우리 상품이나 서비스가 문제인지, 상품 구성 또는 가격 문제인지 면밀히 살펴야 할 것이다.

그런 다음 분석 결과를 놓고 해결 방안을 찾아야 한다. 작은 기업은 가용할 수 있는 자원에 한계가 있다. 그래서 자원의 효율적 활용이 부족할 수 있으므로 정확하게 처방을 내려야 한다. 그런데 정확한 원인과 처방을 알았어도 실행하지 못하는 경우가 많다. 이에 맞는 충실한 실행을 해야 하는 것이 부진 요인을 극복하는 길이다.

그렇다면 어떻게 해야 할까? 매출 향상을 위한 실제적인 실행 방법을 살펴보자.

첫째, 작은 것이라도 파는 기술로써 판매력을 높여야 한다. 매출은 상담고객수×판매성공률×상품단가다. 즉 판매성공률을 높여야 매출을 향상시킬 수 있다.

둘째, 고객의 궁금증을 풀어주는 상담력을 높여야 한다. 미팅한 고객 중 몇 명이 어떤 상담을 하느냐에 따라 매출이 변한다. 다양한 가격 정보를 통해서 또 상품의 특장점을 강조하여 구매 정보를 주는 것도 좋은 방법이다.

셋째, 우리 상품을 찾게 만들 화제를 만들어야 한다. 보다 활발한 유대관계를 위해서다. 사업과 연관된 서비스 혹은 정보 제공 등은 고객의 집중도를 높이는 방법이다.

넷째, 고객이 우리 상품을 알 수 있도록 다양한 수단을 동원하여 인지도를 향상시켜야 한다. 사업 혹은 상품에 대한 인지도의 향상은 해당 상품의 구매가 일어날 확률을 높이기 위한 첫걸음이다. 오프라인과 연관업체에게 하는 홍보뿐만 아니라 SNS라는 강력한 수단을 이용하라. 고객은 언제든 떠날 준비가 되어 있으므로 재구매에 대한 주의를 기울여야 한다.

리더는 정말 많은 일을 하여야 한다. 우선 사업 아이템, 즉 상품에 대해서는 누구보다도 많이 알고 정확히 알아야 한다.

다음은 해당 상품 혹은 서비스에 대한 시장에서의 정확한 반응을 알아야 한다. 그래야 부진한지, 잘 나가는지를 알 수 있다. 병도 원인을 알아야 처방이 나온다.

결국 목표는 매출 부진을 극복하는 것이 중요하다.

첫째, 작은 상품 혹은 서비스라도 판매력을 높이는 데 전력투구하라.

누가 뭐래도 꿩 잡는 것은 매다. 매출이 나오면 그 다음은 쉽다. 판매력은 상품에 대한 정확한 메시지, 가격, 상담력 등 다양한 요소를 신경 써야 하지만 소비자 입장에서 정보를 제공하는 것이 중요하다.

둘째, 고객의 관심도 향상이다.

우리 편으로 만들 수 있는 기회를 활용하여야 하고, 이는 인지도 향상이라는 선순환 구조를 구축한다. 고객의 변심은 놀랄 만큼 빠르다. 그런 만큼 세심한 주의를 기울여야 한다. 마치 갓난아기처럼 고객을 대하면 승부를 자기 것으로 만들 수 있다.

제품도 좋고, 잘 알려야 하며, 단골 고객을 만들어야 한다

조사 결과를 보면 기존 고객의 관리 비용이 신규 고객의 유치 비용보다 더 낮다고 한다. 떠나는 연인을 붙잡듯이 애타게 기존 고객에게 애정을 쏟을 필요가 있는 것이다.

고객 유지 전략에서 꼭 기억해야 할 것은 '고객은 늘 이탈을 생각하는 존재' 라는 것이다. 고객의 이탈 이유에는 다양한 의견이 있다. 그중에서 가장 확실한 이유는 다음과 같다.

먼저 제품의 효용성이 떨어지는 것이다. 즉 상품이 좋지 않다는 말이다. 그리고 더 이상 해당 상품이 필요 없는 경우다. 필요하지 않은 상품을 재구매하지는 않는다. 마지막으로 상품에 대한 구매력, 즉 돈이 없어서 구매를 못하는 경우다. 자의든 타의든 구매에 대한 대가를 지불할 수 없다면 그림의 떡이다.

고객 유지 전략으로 가장 중요한 것은 고객의 이탈을 방지하는 것이다. 적어도 최소로 경감하도록 해야 한다.

첫째, 고객이 가장 번거로워하는 결제 부분에 대한 유연함을 확보해야 한다. 결제 과정을 소비자 입장에서 최적의 솔루션을 제공한다. 예를 들면 계약이 해지될 수밖에 없는 경우라면 최소 마진만을 확보하면서 고객이 놀랄 정도의 가격 할인을 하는 것도 한 방법이다. 물론 단기적인 극약 처방임을 잊어서는 안 된다.

그러면서 반드시 해야 할 것은 제품력의 상승이다. 지름길은 없다. 근본적으로 제품을 좋게 만들어야 한다. 사람들이 원하는 제품으로 내놓아야 한다. 소비자가 기꺼이 돈을 지불할 의향이 있을 정도로 좋은 제품을 만들어야 하는 것이다.

둘째, 고객이 상품을 보다 잘 이해하도록 해야 한다. 기존 상품이나 서비스를 고객이 요구하는 방향으로 개선하는 작업이다. 고객에 대한 심도 있는 이해를 전제로 해야 한다. 즉 고객을 좀 더 세분화하여 맞춤형으로 응대한다. 단순 초기 구매자, 기존의 반복 구매자, 그리고 이탈한 구매자까지 세심하게 분류를 하는 것이다. 그리고 각 대상별로 하나하나 들여다보면서 최적화를 이루어 나가면 된다.

한편, 매출을 들었다 났다 하는 단골들은 별도로 더욱 잘 관리해야 한다. 단골 고객은 신규 고객을 만들고, 불만 고객은 잠재 고객의 방문을 막기도 한다. 고객은 정말 불가원불가근의 존재다. 언제 어떻게 변할지 정말 모른다.

불만 고객은 평균 8~10명에게 안 좋은 소문을 퍼뜨린다고 한다. 적은 가까운 곳에 있다. 단골 고객에게 좀 더 강한 친밀감을 형성하려면 질문을 하더라도 다르게 하면 좋다. 가장 쉬운 것은 기존의 것에 하나를 더하면 친밀도가 높아진다. 이는 곧바로 매출로 표현된다.

고객의 구매를 기다리는 것은 정말 바보다. 기다리지 말고 적극적으로 고객에게 하나라도 더 질문해야 한다. 이렇게 질문을 더하면 더할수록 구매율이 올라간다. 사장이나 조직원 모두 가능성 있는 고객을 발견하고 보다 친밀도를 높이는 데 적극적으로 실행에 옮겨야 한다.

그리고 사람은 누구나 좀 더 나은 서비스에 목말라 한다. 즉 고객의 욕구를 터치하여 원래 고객이 구매하려는 상품보다 더 수익성이 있는 상품 혹은 서비스를 구매하도록 유도해야 한다. 바로 '업셀링'이다. 결국 모든 판매에 대한 역량을 높이는 방법은 실천력을 높이는 방향으로 가야 한다. 바로 이것이 매출을 향상시키는 지름길이다.

나는 사람들과 교분 쌓는 것을 좋아한다. 이러한 인간 관계는 어릴 적 어른들로부터 상대방을 진심으로 대하는 예를 배웠기에 자연스레 몸에 배어 있다. 초등학교 방학 때 외갓집에 가면 또래 친구들은 밖에서 뛰어노는데 나는 상투를 틀고 천자문을 가르치던 친척 어른의 가르침을 받았다. 그때는 따분하고 지루했지만 알게 모르게 상대에 대한 공경심이 몸에 배었다. 이는 사업상의 만남에 있어서도 자연스럽게 발현되는 것 같다.

상대방을 배려하는 공경심은 고객을 대하는 기본자세와도 일맥상통한다. 예의를 갖춘 고객 응대야말로 알 수 없는 고객의 마음을 내 사업에 유리하게 연결해 주는 무기가 아닐까 싶다. 이를 명심하고 실천하면 매출 향상에 좋은 해답을 줄 것이다.

Chapter 04

작은 기업이
알아두어야 할
인사 및 조직관리

인사 원칙은 공정, 공평, 사람 중심이다

조직은 공정경쟁으로 성과를 내야 하고 보상은 합리적이어야 한다

진짜 직원, 응집력, 틈새시장, 시장 중심, 순발력이라는 5개 키워드를 기억하라

어떤 인재를 어떻게 선발할 것인가

직원은 최고의 인재보다 최적의 인재가 필요하다

사장은 칭찬거리를 찾아다니는 사냥꾼이다

직원은 회사보다 자신의 장래에 100배 더 관심이 많다

보상을 점진적으로 높이면 유연성이 더 강하게 나타난다

창의적인 문제 해결 방법 5단계

인사 원칙은
공정, 공평, 사람 중심이다

중국 고전인 《한비자》 〈내저설(內儲說)〉 상편에 나오는 남우충수(濫竽充數)라는 한자성어는 '무능한 자가 재능이 있는 척하거나 실력이 없는 자가 높은 지위를 차지함'을 비유한 말이다.

중국 전국시대 제나라 선왕은 피리 연주 듣기를 좋아했다. 어찌나 피리 연주를 좋아하는지 악사를 300명이나 모아놓고 함께 연주하게 하였다. 그런데 그중에는 피리를 전혀 불 줄 모르는 남곽이라는 사람도 있었다. 그는 악사들 틈에 섞여 피리를 부는 척하며 녹봉을 받아먹었다. 하지만 악사들이 너무 많아서 남곽이 피리를 불 줄 모른다는 사실은 드러나지 않았다.

그러다가 선왕이 세상을 떠나고 민왕이 즉위하였다. 민왕은 피리 부는 악사가 너무 많은 것 같아 실력 있는 사람만 남기기로 하고 한 사람씩 나와서 피리를 불게 하였다. 사정이 이렇게 되니 남곽은 좌불안석이 될 수밖에 없었다. 남곽은 연주 차례가 오기 전에 피리를 불 줄 모른다는 사실이 탄로날까 봐 도망치고 말았다.

이 일화에서 유래한 '남우충수'란 재능이 없는 사람이 전문가들 틈에 끼어 머릿수만 채워서는 안 된다는 의미다. 즉 아무리 교묘한 위장술로 포장한다고 해도 결국에는 허위임이 드러나게 된다는 고사성어다. 이러한 상황이 기업에서 일어나지 않도록 신경을 써야 할 부분이 바로 인사관리다.

인사관리란 조직이 목표를 달성하기 위하여 필요로 하는 우수한 인력을 조달하고, 교육하고, 개발하는 것이다. 또 이들을 적재적소에 배치하고 동기 부여를 하는 것이다. 그리고 직원들이 자발적으로 조직의 목적 달성에 적극 기여하게 하고, 개개인의 능력을 최대한 발휘하게 해야 한다. 조직의 목표를 효율적으로 달성함과 동시에 개인의 발전과 성취욕도 달성하게 하도록 하는 관리기능을 말한다.

인사관리의 본질은 인간을 대상으로 한 자산적·투자적 관리라는 시각도 있다. 인사관리의 기능은 인적자원을 모집 및 선발하는 것이 첫번째다. 또한 선발한 인적자원의 능력을 개발하고, 이들에게 반대급부로 보상과 복리후생을 제공하는 것이다. 그리고 그들의 안전을 확보해 주어야 한다. 결국 사업 주체와 조직원과의 관계를 노사적 차원에서 구축하고, 인적자원에 대한 지속적이고도 다양한 연구 조사도 병행해야 한다.

이러한 인사관리 과제들을 다음과 같이 해결하면 좋다.

첫째, 업무에 적합한 사람을 뽑아야 한다. 직종(직무별) 채용을 할 때 단순히 우수한 사람을 뽑는 것보다 직무에 적합한 사람을 선택하는 것이 좋다. 또한 선발 평가를 할 때는 겉으로 드러나는 학벌이나 막연한 관념적 자료를 살피는 것은 옳지 않다. 필요한 업무에 대하여 실제적이고 구체적인 직무 내용을 기준으로 적합한 사람을 선발해야 한다. 그리고 이는 반드시 시스템으로 구축해야 한다.

둘째, 인사관리의 기본원칙을 정한다. 기본원칙을 정할 때의 기준은 급변하는 21세기에 맞게 변경되어야 한다. 우리가 흔히 행해 오던 연공 서열주의에서 능력 위주로 바꿔야 하며, 지속적인 사업을 위해서도 반드시 필요한 부분이다.

셋째, 인사에 대한 원칙은 사람에 대한 존중이다. 사람을 평가할 때 결과만을 보던 것에서 사람 중심으로 전환해야 한다. 인간 중심의 공동체를 생각하면서 함께 공존을 꾀하는 형식을 취해야 한다. 그런 관점에서 진행하다 보면 자연스럽게 일에 대하여 점차적으로 동기 부여가 이루어진다. 그러면 인간적인 만족감을 기반으로 하는 접근에 대한 효과가 나타나게 될 것이다.

넷째, 인사관리 자체도 효율적이어야 한다. 즉 다수가 관리하는 방식에서 소수 정예로 전략적인 관점에서 관리해야 인건비에 대한 개념도 바뀌게 된다. 단순 경비가 아닌 회사의 전략적인 투자 관점으로의 전환을 의미하는 것이다. 단순히 비용으로 접근하는 방식에서 투자로의 전환을 택해야 하는 것이다.

다섯째, 인사관리 시스템 자체를 과학화하여야 한다. 인사관리에 필요한 자료 수집부터 평가하고, 그 결과를 얻어내는 과정 전체를 과학화해야 한다. 이는 효율화를 위해서도 필요하고, 시스템 전환을 유도하는 이유이기도 하다. 과학적인 과정 속의 인사관리는 공정과 공평이 실제로 사심 없이 오롯이 일과 연관됨을 의미한다.

사람을 관리한다는 것이 어렵다는 것은 모두 알 것이다. 그러나 어려움을 극복하는 것이 리더의 몫이다. 리더로서 힘을 발휘해 보자. 작은 회사가 할 수 있는 범위는 제한적일 수밖에 없다. 그러나 제한적인 상황 속에서도 이런 방식들을 적용시켜 보자.

우선 업무에 대한 효율적인 분장을 하고, 그 업무에 대한 필요한 능력을 정형화하자. 그리고 이는 매뉴얼 형태가 되면 표준화도 되고 시스템으로의 전환도 용이하다.

인사 원칙은 간단하다. 공정, 공평, 사람 중심이다. 늘 겸허한 자세가 되어 있다면 수월한 일이다.

인사관리도 회사의 수익성 제고, 판매력 증대를 위한 기반으로서 역할을 하도록 해야 한다. 일단은 성공을 위한 인시관리여야 하는 것이다. 인사관리를 잘하는 것만으로는 성공을 보장하지는 않는다. 이러한 일련의 과정이 정착되면 자연스럽게 한눈에 들어오는 과학화는 수월하다.

쉽다면 쉽고, 어렵다면 어려운 일이다. 긍정적 사고를 가지고 보다 안정적이고 성공적인 인사관리가 되길 바란다.

조직은 공정경쟁으로 성과를 내야 하고 보상은 합리적이어야 한다

인사관리에 대한 학자들의 공통된 견해는, 인재를 선발할 때 업무의 적합도를 살펴야 하고, 적합한 선별 기준은 오로지 능력 중심이 되어야 한다는 것이다. 인사는 단순 인건비의 지출이라는 사고에서 벗어나 전략적 투자 관점의 비용으로 간주하여야 한다. 즉 인사에 대한 투자도 제품을 개발하는 투자 혹은 미래의 먹거리를 위한 투자와 같다는 생각을 하여야 한다. 따라서 투자는 당연히 과학적 분석을 통해 이루어져야 하므로 인사관리도 과학화해야 한다.

그럼 여기서 중국의 가전회사인 하이얼의 인사관리를 살펴보겠다. 세계적인 가전업체 미국의 월풀을 뛰어넘은 하이얼은 크게 세 가지 기본 방침을 가지고 운영하고 있다.

첫째, 시스템 구축이다. 조직을 운영하는 경영 철학과 조직구조, 인사제도의 삼박자가 최적의 조합을 이루도록 한 시스템이다. 즉 인사관리 부문을 총체적인 관점에서 모든 영역에 적용하여 회사 전체를 한 방향으로 나아갈 수 있게 방향성을 구축하는 데 총력을 기울였던 것이다.

둘째, 일종의 플랫폼 구축이다. 기업구조를 수직적 피라미드 계층제 구조에서 수평적 독립 커뮤니티 플랫폼으로 전환했다. 상명하복의 피라미드 구조에서 일 중심으로 독립적 수행이 강화된 매트릭스 구조로의 전환을 이룬 것이다.

셋째, 성과 중심의 인사평가 구축이다. 즉 능력 중심으로 경쟁하는 시스템으로 전환했다. 목표 중심의 성과관리제도를 통해 참여 인력들에 대한 인사평가 시스템은 과정도 중시하고 성과라는 결과도 중시하는 형태인 것이다. 다만, 이를 평가할 때는 평가 원칙에 공정한 경쟁을 통한 과정 전체를 기반으로 했다.

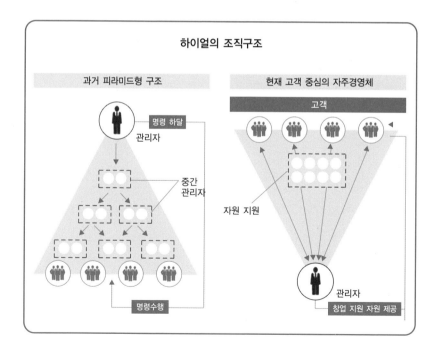

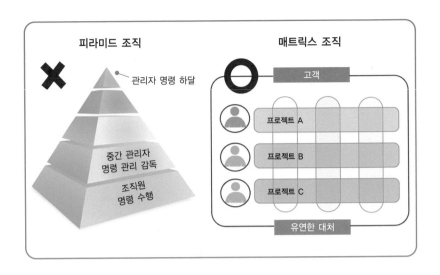

이렇게 기업의 기본구조를 전환함으로써 하이얼의 전체적인 역량을 혁신하게 되었으며, 당연히 매출액도 증대되었다. 또한 하이얼의 조직 구성원들에게 고객 중심의 경험을 강조하며 책임경영 문화와 수평적 네트워크 조직을 구축함으로써 급변하는 상황에 긴밀하게 대응할 수 있게 되었다. 학자들은 신속한 고객 대응이 가능해진 것을 급변하는 디지털 환경에서의 경영 생존력을 강화한 사례로 들고 있다.

작은 기업이 이와 같은 인사관리를 하는 것이 어렵다는 것을 알면서도 이 사례를 살펴본 것은, 작은 기업도 반드시 도입해야 할 부분이 있기 때문이다. 공정한 인사평가와 합리적인 인사관리에 필요한 요소들이다.

먼저 공정하고 투명한 인사평가제도를 수립하고 이를 조직원들에게 알려야 한다. 그런 다음 정말 공정하게 인사평가를 하여야 한다.

평가 결과는 반드시 평가받은 당사자에게 설명해야 하며, 평가 결과에 대한 문제 혹은 이의제기, 애로사항 등도 처리할 수 있으면 더욱 더 좋다. 그래야만 조직원들도 공정함을 체감하게 된다. 그리고 최종적으로 결과에 따른 직무 수준의 조정, 직무 재배치, 직무 능력 개발 등 그에 걸맞는 기회를 부여하여야 한다.

사용자로서는 체계적이고 합리적인 인사관리가 가능하고, 이를 통한 조직원들의 신뢰 구축을 위해서 최우선으로 공정성이 담보된 인사평가가 기본임을 잊어서는 안 된다.

아울러 공정함이 담보된 평가 결과는 조직원들의 능력을 향상시킬 수 있는 관리가 뒤따라야 한다. 반드시 활용 시스템을 구축하면 좋다. 즉 다양한 방법을 동원하여 조직원의 능력 향상을 발휘하도록 하는 것도 중요하다.

다시 한번 강조하겠다.

첫째, 자리 중심이 아닌 일 중심의 조직 구성이 필요하다.

둘째, 공정한 경쟁을 통하여 성과를 이루어야 한다. 반드시 강한 신뢰 속에서 이루어져야 한다.

셋째, 이렇게 얻어 낸 결과는 반드시 보상을 통하여 동기를 지속적으로 유지 발전하도록 해야 한다. 또한 다양한 방법으로 잠재된 또 다른 역량을 향상시켜야 한다.

진짜 직원, 응집력,
틈새시장, 시장 중심, 순발력이라는
5개 키워드를 기억하라

"직원들이 해야 할 일을 제대로 하지 않는 이유가 무엇인가?"

이 질문에 대한 리더들의 대답이 매우 흥미롭다. 대부분 리더들의 잘못으로 나타났기 때문이다. 리더가 당연히 해야 할 일을 하지 않았거나, 했지만 뭔가 잘못된 방법으로 하였다는 것이다.

리더로서 되돌아보아야 할 답변이다. 리더가 조직관리에 집중하는 것은 당연하다. 조직을 효율적으로 관리하기 위해 동반자 의식, 신망 있는 리더의 모습, 경청하는 자세, 권위주의를 배격하는 조직문화, 창의적인 조직 구축을 해야 한다. 그렇지만 조직이 커지고 복잡해지면 이 다섯 가지 핵심은 당연하고, 좀 더 심도 깊은 부분까지 살펴야 한다.

첫째, 진짜 직원과 가짜 직원을 구분하여야 한다. 조직이 조금 커지면 가짜들이 등장하기 마련이다. 어떤 직원은 그렇게 신뢰하고 의지했는데 작은 조직 변화를 받아들이지 못하고 떠나버린다. 또 어떤 직원은 중요한 자리에 입사하기로 했는데 하루만에 분위기가 자기와 맞지 않는다고 다른 회사로 가버렸다. 직원들이란 조직에 대한 애정도, 신의도, 끈기도 없어 보일 때가 있다. 이런 사람들과 앞으로 어떻게 사업을 해나가야 할지 막막할 것이다.

여기서 문제는 능력 없는 존재들이 유능한 인재를 쫓아내는 결과를 가져올 수 있다는 점이다. 이를테면 '악화가 양화를 구축하는 것'이다. 이때 가짜를 제대로 골라내지 못하면 엉뚱한 사람이 대접을 받고, 조직의 기강이 무너질 수 있다.

둘째, 구성원들의 응집력을 모아야 한다. '응집력'은 단결력, 즉 협업체계로 이해할 수 있다. 흔히들 '응집력'은 개방적인 조직보다 폐쇄적인 조직에서 더 강하다고 생각할 것이다. 하지만 검증된 것은 아니어도 이 '응집력'은 폐쇄적인 조직보다 개방적인 조직이 더 강하다. 그렇기 때문에 특히 작은 기업의 성공은 조직관리에 있어 응집력을 갖추기가 용이하다. 그러므로 이를 위해 노력하는 것은 정말 중요하다.

기업은 어떠한 환경 변화에도 유연하게 적응하고 동시에 조직 구성원들의 단결력을 확보하여야 한다. 그에 따라 기업의 성패가 좌우된다고 본다. 이처럼 기업 내부의 유연성과 단결력은 응집의 시너지 효과를 내는 것이고, 이는 기업 성공을 좌우하는 가장 중요한 요소다. 유연성과 단결력으로 응집력이 있는 기업은 생명력이 강한 기업으로 태어난다. 작은 조직이라 할지라도 성공에 이를 수 있는 조직이 되는 것이다. 성공 비결이 바로 구성원의 응집력으로부터 시작되기 때문이다.

셋째, 리더를 포함한 모든 구성원은 시장 중심의 사고를 가져야 한다. 모든 조직원이 시장 중심의 사고를 갖고, 리더는 솔선수범하는 리더십이 있어야 함을 의미하는 것이다. 다시 말하면 리더는 회사에 대한 명확한 비전과 목표를 제시하여야 한다. 또한 판매하고자 하는 상품에 대하여 소비자가 만족할 만한 확실한 상품력과 뛰어난 기술력이 필요하다. 물론 조직원들도 유기적으로 가동되어야 한다.

넷째, 변화에 대한 순발력이 중요하다. 21세기 경영 환경은 복잡다단하게 변화하고 있다. 이처럼 예측 불가능한 경영 환경에 적응할 수 있는 비결이 바로 유연한 조직문화와 순발력이다.

어느 기업에서 '불황기를 극복하는 인재상'에 대해 조사한 결과를 보면 순발력이 얼마나 중요한지 알 수 있다. 경기 불황은 인재상도 바꾼다. 불황 속에서 가장 선호하는 인재상은 수익과 직결되는 영업력이다. 그다음이 순발력이다. 시장 변화를 빠르게 감지하고 대처하는 순발력이 인재를 정의하는 데도 중요한 요소가 되었다. 이러한 조직원들이라면 환경 변화에 민감하고 내부 구성원들이 강한 일체감을 갖고 외부자원을 효율적으로 이용하는 유연한 조직이 되는 것이다. 부드러움은 강함을 이기고, 급변함에 대처하려면 순발력이 있어야 한다.

다섯째, 틈새시장을 포착하는 것이 중요하다. 틈새시장이란 기존 영업조직이나 영업방식이 미치지 않은 잠재된 시장을 말한다. 이러한 틈새시장은 먼저 파고들어 선점하는 것이 중요하다. 성공한 기업의 특징은 남들이 놓치고 있는 바로 이런 틈새시장을 포착하는 능력이다. 그리고 기업의 사활을 건 기술개발 혹은 상품개발 능력을 갖춘다는 것이다. 또한 네트워크로 확보한 외부자원을 효율적으로 활용하는 것도 필요하다. 최근 들어 환경친화적 전략의 중요성이 커지고 있으며, 명확한 비전과 경영 목표, 강한 공동체 문화 등도 필요하다.

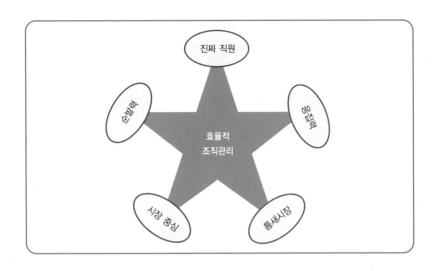

이것들을 다 가지고 가라는 건 아니다. 하지만 결국에는 모두 해결하여야 할 문제들이다. 하나하나 자신의 사업과 연동하여 고민하는 것부터 시작하자. 고민하고 자신만의 방법으로 적용할 방법을 생각해 보고 우선순위를 정하여 하나씩 틀을 갖추어 가자. 이러다 보면 어느덧 조직관리 시스템으로 정착되는 것을 볼 수 있을 것이다.

이 같은 관점에서 조직관리를 통하여 자발성과 유연성을 지닌 구성원들과 리더의 방향성으로 기업의 인사관리와 조직관리를 해 나가야 한다. 진짜 직원을 가려낼 줄 아는 리더의 안목과 시스템이 있는 조직, 응집력이 있어 시너지를 낼 수 있는 조직, 시장을 중심으로 모든 부분에 대응하는 조직, 순발력 있는 조직, 틈새시장을 호시탐탐 찾으려는 조직, 이 다섯 가지 매력을 갖고 있는 조직을 구축하였다면, 이미 당신은 성공한 기업의 리더가 된 것이다.

어떤 인재를
어떻게 선발할 것인가

작은 기업에서 인재를 뽑을 때도 나름의 방법을 구축하여야 한다. 대기업에 비하여 기본적인 처우부터 차이가 나기 때문에 어쩔 수 없음은 인정하자. 그렇기 때문에 작은 기업으로서의 매력 요소를 어필하여야 한다. 즉 작은 기업은 인재를 유치하기 위해 두 가지 장점을 갖고 접근하는 것이 좋다.

하나는 작은 기업만의 장점이라 할 수 있는 '친밀감'이다. 또 하나는 바로 '사장의 리더십'이다. 친밀감은 구성원들의 직무만족도와 부족함을 서로 업무 협조를 통한 시너지로 나타낼 수 있다. 한 가닥의 회초리를 부러뜨리기보다는 열 가닥, 스무 가닥의 회초리는 부러뜨리기 어렵다. 즉 힘을 합쳐 난관을 극복하는 시너지를 낼 수 있는 친밀감은 작은 기업의 정말 중요하고 필요한 부분이다. 이렇게 할 경우 인재들이 자연스럽게 장기 근속하는 비결이 될 수도 있다.

일반적으로 인재가 떠날 때는 여러 가지 이유가 있다. 그 이유를 살펴보면, 직원의 이직에 실질적인 영향을 미치는 요인은 사장과의 관계다. 회사의 경영 철학이 확고하고 성장 비전이 있으며 자기 업무에 만족한다 해도 사장과의 관계가 원활하지 못한다면 삐걱거리게 된다. 결국 삐걱거림은 직원에게 조직을 등지게 만든다. 작은 기업은 특히 유의하여야 할 부분이다.

리더라면 유연하고 진정성 있는 조직에 필요한 인재를 뽑고 싶을 것이다. 그렇다면 반드시 선행해야 할 일이 있다. 바로 공정과 공평의 조화로움을 잘 구축하여야 한다. 공정은 '공평하고 올바름'이고, 공평은 '어느 쪽으로도 치우치지 않음'을 의미한다.

그래서 공정하다는 것은 성과를 평가할 때 공헌한 바에 따라 보상을 실시하는 것을 말한다. 즉 조직 내에서 더 많은 일을 하고 더 큰 업적을 남긴 사람에게 더 많은 보상을 주는 것이 공정한 것이다. 그런데 당연한 말이지만 의외로 쉽지 않다. 처한 상황이 각기 다르기에 그에 맞게 무엇인가를 부여하는 것도 역시 공정함에 속한다.

아주대 김경일 교수는 미국 플로리다주립대의 저명한 심리학자 로이 바우마이스터(Roy Baumeister) 교수의 결론을 전하면서 공정에 대하여 다음과 같이 말했다.

"공정은 경쟁을 촉진시키는 힘이 강하지만 가족 같은 분위기의 작은 조직일수록 공정함이 부족해질 수 있다. 반면 조직이 일정 수준 이상 갖추어지면 공정함이 더욱 더 강한 영향력을 발휘한다. 규모가 큰 조직에서 구성원들 간의 경쟁은 어쩔 수 없기 때문이다. 따라서 공정함이 보장되어야 조직 구성원들은 더욱 분발하여 일을 하게 되고, 모든 상황에 대하여 건전한 경쟁을 하기 위해 노력하게 된다."

이러한 내용들을 바탕으로 필요한 인재를 뽑아야 조직을 잘 이끌 수 있다. 그리고 인재들도 자기계발에 힘을 쓰고, 유연한 사고를 지닌 기업문화를 자연스럽게 체득하게 된다.

그런데 작은 기업은 인재를 뽑기가 정말 어렵다. 어떻게 하면 직원 채용을 잘할 수 있을까? 또 능력 있는 직원의 이직을 막을 방법은 없을까? 흔히 직원을 잘 뽑고 이직을 최소화하려면 직원 복지를 향상시키고 월급을 많이 주어야 한다고 한다. 당연하면서도 가장 확실하고 또 수월한 방법이다.

하지만 우리나라 대부분의 작은 기업은 대기업의 하청업체 역할을 하고 있다. 그래서 직원 복지와 월급 수준을 높이는 것이 쉽지 않다. 흔한 말로 인건비를 따먹는 취약한 사업구조이기 때문에 자칫 회사 전체의 수익성 악화와 급기야는 부도로 직결될 수 있다.

가장 이상적인 시나리오는 회사가 경쟁력을 확보하여 수익에 대한 부가가치를 많이 창출해 내는 것이 우선이다. 그리고 그렇게 확보한 이익을 사원 복지와 처우 개선에 재투자하고, 이를 바탕으로 더 훌륭한 인재를 확보하여 회사의 성장을 이끌어 내는 것이다. 하지만 대기업이 부가가치가 없다고 판단하여 직접 하지 않고 하청을 주는 업종에서는 더더욱 실행하기가 어렵다.

그래도 작은 기업의 효율적인 인사관리 방법은 의외로 간단하다. 작은 기업이 경쟁력을 확보하기 위해서는 사람 관리를 잘 하는 수밖에 없다. 그러려면 첫째, 업무에 꼭 필요한 인재만 뽑아야 한다. 둘째, 회사와 맞지 않는 직원은 빨리 정리해야 한다. 그래야 회사에 꼭 필요한 직원들이 신명나게 일하며 조직의 사기를 높여 회사가 성장 발전하고, 성장의 결과물로 직원들에게 각종 처우와 복지를 개선해 나갈 수 있다.

좋은 직원을 뽑는 데는 왕도가 없다. 하지만 해결 방안을 정리해 본다.

첫째, 사장은 업무에 꼭 필요한 직원을 확보하는 데 근무시간의 상당 부분을 투입해야 한다.

둘째, 회사의 장기적인 성장 발전 가능성을 널리 알려 조직원과 그 주위의 시선을 붙잡아야 한다.

셋째, 회사의 성장과 발전이 곧 구성원의 성장과 발전으로 연결된다는 것을 느끼게 해야 한다. 처우 시스템에 대한 공정함을 유지하고, 신뢰를 바탕으로 진정성을 보여 주어야 한다.

작은 기업으로서 보다 친밀한 유대감의 형성도 중요하다. 리더는 항상 구성원의 '삶의 질'에 대해 진정으로 소통하고 역지사지를 갖는 여유와 유연성을 갖추어야 하는 것이다.

직원은 최고의 인재보다
최적의 인재가 필요하다

낭중지추(囊中之錐)라는 고사성어가 있다. '주머니 속의 송곳'이라는 뜻인데, 유능한 사람은 어디에 숨어 있어도 주머니 속에 있는 송곳처럼 사람들의 눈에 띈다는 말이다.

사마천의 《사기》에 이런 이야기가 나온다. 전국시대 말엽 조나라 혜문왕은 강대국이었던 진나라의 공격을 받아 수도 한단이 포위당하는 곤경에 빠진다. 군사력이 상대적으로 약한 조나라는 초나라에 구원군을 요청하기 위해 외교사절을 급파하기로 했다. 혜문왕은 막중한 임무를 수행하는 데 누가 적임자인지 신하들에게 물었다. 이구동성으로 왕의 아우이며 재상인 평원군 조승이 적임자라고 하였다.

그리하여 평원군은 국가 운명을 건 임무를 띠고 초나라로 떠나게 되었다. 이때 함께 갈 수행원 20명이 필요했다. 그가 데리고 있던 식객 중에서 19명은 쉽게 뽑았지만 나머지 한 사람을 뽑지 못해 고심하고 있었다. 재능 있고 재치가 있는 인물이어야 하는데, 그런 인물이 얼른 눈에 띄지 않았다. 그때 모수라는 식객이 자신을 데려가 달라고 나섰다. 평원군이 가만히 보니 기억에도 없는 얼굴이었다.

평원군은 그에게 이름과 식객이 된 지 얼마나 되었는지 물었다. 모수는 자신의 이름을 밝히고 식객이 된 지 3년째라고 했다. 그 대답을 들은 평원군은 어이없다는 표정으로 모수에게 물었다.

"재능이 뛰어난 사람은 숨어 있어도 마치 주머니 속의 송곳 끝이 밖으로 나오듯 남의 눈에 드러나는 법이다. 그런데 그대는 내 집에 온 지 3년이나 되었는데도 이름이 드러난 적이 없는데 그 이유가 무엇인가?"

모수는 전혀 위축되지 않고 당당한 어조로 "나리께서 지금까지 단 한 번도 소인을 주머니 속에 넣어 주시지 않았기 때문입니다"라고 대답했다.

우리는 인재를 뽑을 때 어떤 방법을 택해야 할지 심각하게 고민해야 한다. 사람을 뽑을 때는 최고의 인재보다 최적의 인재를 뽑아야 한다. 특히 작은 기업은 더욱 그렇다. 회사가 원하는 인재상은 간결하고 명확해야 한다. 그리고 그 조건에 가장 적합한 인재를 뽑아야 하는 것이다. 이렇게 하면 회사는 적재적소의 인재를 얻을 수 있다. 또한 취업자 역시 가장 자신 있고 능력을 발휘할 수 있는 직책을 맡을 수 있다.

문제는 각 회사의 성격과 기업문화, 지향점에 따라 달라질 수 있다. 그러나 사람을 뽑는 것은 성공에 다다르기 위해 필요한 사람을 적절하게 뽑아야 한다. 몸에 맞지 않는 옷과 같은 사람은 적합하지 않다.

나는 친구와 함께 일을 한 적이 있다. 어학도 뛰어나고, 대기업에서 일한 경험도 있고, 얼굴에서 늘 미소가 떠나지 않는 그 친구는 제조 공장 전체 관리를 맡아했다. 그런데 거래처와 뜬금없는 일이 가끔 발생했다. 생산 현장과 조율도 없이 본인 마음대로 납기 일정을 조정하고는 혼자만 알고 그냥 넘어가는 일이 비일비재했다. 그러니 납기 일정이 뒤엉키면서 클레임이 발생하게 된 것이다.

몇 차례 그런 일이 발생하자 혼자만 알고 있지 말고 모두에게 변경 사항을 알리고 생산 라인을 조정하라고 말했다. 또 함부로 약속하지 말고 현장과 의논하여 가능한 일정대로 진행했으면 좋겠다고 했다. 하지만 바뀌지 않았다. 황당한 일들이 계속 벌어졌다.

관리를 하는 자리는 어찌 보면 리더의 역할이 필요하다. 그런데 즉흥적인 결정을 내리고 그 결정에 대해서는 책임을 지지 않는 일이 너무 많이 발생하는 것이었다. 솔선수범을 강조하였던 나로서는 패착이었다. 솔선수범이라고는 눈을 씻고 봐도 찾을 수가 없었다. 내가 사람을 잘못 본 점이 가장 큰 실수였고, 결국 그 제조업은 엄청난 손실을 안고 문을 닫고 말았다.

회사와 잘 맞지 않고 품성이 직무에 적합하지 않은 사람은 아무리 매력적인 프로젝트를 맡아도 흥미를 못 느끼고 결과도 좋지 않다. 이들에게 리더와 동료가 내놓은 반짝이는 아이디어는 단지 귀찮은 일일 뿐이다. 회사가 아무리 높은 수준의 자율성을 부여하고 창의성을 유발하려고 노력해도 소용이 없다. 그렇기에 채용할 때 주의를 기울여 합이 맞는 사람을 채용해야 하는 것이다.

첫째, 똑똑하기만 할 뿐 겸손하고 성실하지 않은 사람은 배제해야 한다. 학벌이 좋고 머리가 좋은 사람으로는 충분하지 않다. 그들을 창의성이 높고 회사에 공헌하는 인재라고 말할 수 없다. 대신 겸손하고 성실하여 다른 사람의 성공을 도울 수 있는 자세를 가진 사람이 좋다. 또 역경을 극복하는 능력과 끈기를 갖춘 사람이 좋다. 이들이 장기적으로 큰 성과를 만들어 낸다는 것을 알아야 한다.

아무리 똑똑하고 성과가 좋고 창의성이 뛰어나도 인성에 문제가 있다고 판단되면 절대 뽑지 않아야 한다. 문제 직원 한 명이 조직 전체에 미치는 부정적 영향이 너무 크기 때문이다. 문제 직원으로 생각되는 유형 중 하나는 '지적인 겸손'이 부족한 사람이다. 자기만 옳다고 생각하는 독선적인 사람은 다른 사람과 함께 일하지 못할 뿐만 아니라 자신도 성장하지 못한다.

둘째, 절대 서두르지 않는 것이다. 급하게 진행하지 않는 것은 최적의 사람을 찾기 위해서다. 당장에 시급함을 처리하기보다는 최적의 인재를 채용하는 데 최선을 다해야 한다. 현업 부서의 인력 충원 요청에 따라 성급하게 채용해서는 절대 안 된다.

인재 채용을 제대로 하려면 인재상에 대한 뚜렷한 주관이 있어야 한다. 그런 후에 면접 등의 심사 과정을 통해 기준에 맞는 사람을 분별해 내고 채용하는 것이 정답이다. 이 과정에서 훌륭한 사람이 불합격되는 한이 있더라도 부적격한 사람이 합격되는 것은 막아야 한다. 특히 한 사람의 역할 비중이 높은 작은 기업은 더더욱 그렇다. 이를 이루기 위해서는 매우 효과적인 채용 방법을 구축해야 한다.

우선 면접을 하는 경우, 지원자의 잠재력을 최대한 평가할 수 있도록 해야 한다. 초반에 긴장을 풀 수 있는 가벼운 질문으로 편안한 환경을 만들어 주면 좋다. 그런 다음 지원자의 창의력, 논리적 사고능력, 그리고 지적 호기심을 평가하는 것이 효과적이다. 약간 붕 뜬 질문은 좋지 않다. 제품 전략과 산업 트렌드에 관한 사고방식을 읽을 수 있는 질문이 좋다. 그러면서 지원자의 답변에 따라 점점 질문을 구체화시켜 나간다. 그렇게 하면 자연스럽게 문제 해결 능력을 판정할 수 있는 결과를 얻을 수 있다.

또한 예상을 벗어난, 살짝 허를 찌르는 질문을 사용하여 면접 대비를 잘한 사람을 가려내야 한다. 실제로 필요한 업무에 합이 맞는 사람을 찾는 것이 목적이기 때문이다. 이런 질문이 제품 담당자로서의 자질이 어떤지를 판별할 수 있다.

시중에 나도는 '문제은행' 같은 곳에 예시된 질문들을 그대로 사용하지 않기를 바란다. 그런 문제들에 약간의 변형을 주면 의외로 지원자들의 '정직한' 내공을 들여다보는 데 많은 도움이 된다.

이때 유의해야 할 부분은 객관적인 실력도 중요하지만 회사도 결국 사람들이 모여서 하는 것임을 감안하여야 한다. 그러므로 회사와 코드가 맞지 않으면 아무리 슈퍼스타들이 모여도 좋은 결과를 낼 수 없다. 바로 작은 기업 조직의 현실이다. 이를 평가하기 위해서 리더십과 협업, 그리고 문제 접근 방법과 관련된 질문을 하는 것이 좋다. 그렇게 하면 회사의 가치관과 문화에 얼마나 맞는 사람인지 평가할 수 있다.

이렇듯 회사도 지원자가 면접을 준비하는 것만큼 훌륭한 인재를 뽑기 위해 많은 노력을 기울여야 한다.

사장은
칭찬거리를 찾아다니는
사냥꾼이다

《사기》〈이장군열전(李將軍列傳)〉에 도리불언하자성혜(桃李不言下自成蹊)라는 말이 나온다. '복숭아와 오얏은 꽃이 곱고 열매가 맛이 좋으므로, 오라고 하지 않아도 찾아오는 사람이 많아 그 나무 밑에는 길이 저절로 생긴다'는 뜻이다. 덕이 있는 사람은 스스로 말하지 않아도 사람들이 따름을 비유해 이르는 말인데, 사마천이 이광을 평하면서 한 말이다.

시골 사람처럼 투박하고 말도 잘 못하는 이광이 지도층의 신뢰를 얻게 된 것은 신실한 마음 때문이었다. 사마천은 그런 그를 복숭아와 오얏에 비유했다. 꽃이 곱고 열매 맛이 좋아 사람들의 발길이 끊임없이 이어져 나무 밑에 길이 날 수밖에 없다고 한 것이다.

여기서 꽃과 열매를 대신하는 것이 기업에서는 '소통'이다. 작은 기업에서 인사 및 인사조직에 대한 관계 설정에 있어 소통의 시작은 경청이다. 듣기의 고수가 되라는 것이다. 말을 듣는 자세만으로도 고수와 하수를 구분할 수 있다. 같은 말을 들어도 고수와 하수는 듣는 수준이

다르다. 고수는 논리적이고 합리적이며 이성적인 태도로 상대방의 말을 듣는다.

내 주변에는 좋은 사람들이 많다. 그중 한 친구는 인간으로서 뿐만 아니라 일을 처리하는 성실성 또한 훌륭하다.

그 친구는 대기업에 근무하다가 뜻한 바가 있어 사업에 뛰어들었다. 그런데 너무 앞서간 탓인지 사업이 잘 되지 않았다. 그가 했던 사업은 나중에 그와 유사한 사업이 꽃을 피우는 것을 종종 보았다.

어느 날 그 친구가 찾아와 근황을 물어보니, 중견기업 오너의 아들이 사업을 승계하는 데 필요한 여러 가지 경험을 컨설팅해 주는 일을 맡았다고 한다.

그런데 얼마 후 그 친구한테서 전화가 왔다. 컨설팅해 주는 대상이 처음에는 귀를 기울이더니 점점 그러지 않는다며 답답하여 나에게 하소연을 하는 것이었다. 결국 그 친구는 오너의 아들과 함께 미국 출장을 다녀와서 18개월 만에 그 일을 그만두었다.

오너의 아들이 미국에서 자신의 몸집보다 월등히 큰 기업을 인수하려는 계획을 추진하려 한 것이다. 당연히 내 친구는 여러 가지 요소를 점검해 보고 가치 산정도 매우 보수적으로 진단하였던 것이다. 컨설턴트로서 당연히 필요한 조언을 한 것인데 귀에 거슬렸던 모양이다. 안타까운 일이었다. 새삼 리더의 경청이 얼마나 중요한 일인가를 깨닫게 해주는 일이어서 생각이 났다.

경청의 고수는 감정을 먼저 헤아린다. 말하는 사람은 이런 경청의 태도를 보이는 고수에게 더욱 신바람이 나서 이야기 보따리를 풀어놓기 시작하고, 마침내 깊은 속내까지 열어 보인다. 경청은 말하게 하는 동력과 같다. 내 마음대로 듣고 내 마음대로 해석하고 내 마음대로 행동하는 것은 소통이 아니라 불통이다. 제대로 경청하고 싶다면 머릿속에서 일어나는 여러 생각을 일시 정지하고 상대방에게 집중해야 한다.

왜냐하면 사장이란 많은 직원과 소통하며 문제에 대한 해답을 제시하고 풀어가야 하는 사람이다. 즉 칭찬 사냥꾼이 되어야 하는 것이다. 사장의 칭찬은 의무사항이며 업무다. 해도 되고 안 해도 되는 선택 사항이 아니다. 특히 가시적이고 객관적인 실적이 명백한 경우에는 반드시 의도적으로 칭찬을 해야 한다. 사장은 그런 일을 위해서 존재한다.

어떤 사장들은 일일이 칭찬하기보다는 '모아 두었다가' '지켜보다가' '말하지 않아도 잘 알고 있을 것'이라며 칭찬을 아끼고 미룬다. 그러나 이는 대개 사장 혼자만의 생각이다. 직원은 항상 '칭찬'에 목말라 있다. 사장은 칭찬거리를 찾아다니는 사냥꾼이 되어야 한다. 그리고 칭찬도 효과적으로 해야 한다.

- 반드시 직원이 달성한 성과와 성취를 중심으로 구체적으로 칭찬해야 한다.
- 타이밍이다. 가장 좋은 타이밍은 사안이 발생한 즉시. 일주일이나 한 달이 지나서 칭찬하면 효과가 반감된다.
- 보상 없는 칭찬은 그냥 칭찬일 뿐이다. 작든 크든 보상을 통해 직원의 사기를 복돋아 주어야 한다.
- 간부들도 칭찬받고 싶어 한다. 그들은 사장과 가까운 존재들인 만큼 새삼스러울 수도 있겠으나, 오히려 칭찬 한마디가 조직에 엄청

난 활력을 불러일으킬 수도 있다.

회사에 꼭 필요한 인재를 뽑는 것은 정말 큰 스트레스다. 그러나 성공을 위해 반드시 해야만 한다. 최적의 합이 맞는 사람을 찾아야 한다.

힘든 것 중 하나가 나와 같은 방향으로 함께 갈 사람을 뽑는 것이다. 쉽지 않지만 해야만 하는 일이다. 그러나 힘듦은 나의 선택으로 인한 것이기에 스스로 극복하는 방법이 있으면 좋을 것이다.

직원은 회사보다
자신의 장래에
100배 더 관심이 많다

사장들은 항상 지속적으로 새로운 생각과 창의력 그리고 혁신을 이루기 위해 노력한다. 그리고 순간순간 요구받는 입장이기 때문에 직원을 뽑고 함께 헤쳐 나가기를 원한다. 과연 직원들은 이 부분에 대하여 어떤 생각을 하고 있을까? 그들은 나와 같지 않다. 이를 알아야 상처를 덜 받지 않을까 싶다.

직원들은 결과에 대한 성과 압력이 높아질수록 갈등을 피해 합의하려 한다. 그저 상식적인 태도만을 취하려 한다. 조직을 생각하고, 미래를 위한 통찰력 있는 생각보다는 현재에 안주할 만한 사유를 찾는다. 새롭게 도전하는 것보다 일을 어떤 형태로든 마무리하는 것에 초점을 맞춘다. 그저 위계에 순응하는 자세를 취하는 것이다.

다시 말해 성과 압력이 큰 상황에서는 과업 해결을 위해 전문적이고 복합적이며 참신한 아이디어를 동원하는 경우는 드물다. 정말 잘하기보다는 어디서나 빨리 쉽게 구할 수 있고 이미 검증된 일반적인 방식에 의존한다. 그렇게 해야 결과가 수월하게 마무리되고, 일도 빨리 완결된다. 더불어 창의적이지만 검증되지 않은 아이디어가 실패할 경우 자신이 지게 될 책임에서도 자유로울 수 있기에 그런 자세를 견지하는 것이다.

다양한 경청과 소통, 칭찬이 작동되면 직원들의 성과가 높아질 거라는 믿음은 감안하여 받아들여야 한다. 그럼에도 반드시 해야 하는 일임은 잊지 말아야 한다. 그저 절차만 따르면 되고 고효율이 무엇보다 우선인 분야에서조차도 그런 성과에 만족하는 자세가 대다수임을 알고 대처해야만 한다.

직원들은 사장이나 회사보다 자기 자신의 문제에 더 관심이 많아 보인다. 사장보다 회사를 더 신경 쓰는 사람은 없기 때문에 사실 당연한 일이다. 그래서 그들과 이야기할 때는 당사자들과 관련 있는 미래 이익에 중점을 두어야 한다. 직원들은 사장이나 회사 문제보다는 자신의 장래에 100배 더 관심이 많기 때문이다.

예를 들어 "그런 방법으로는 안 되겠어"보다는 "다른 방법을 찾아보면 어떨까?"가 낫다. "보고서가 왜 이래?"보다는 "다른 방법으로 한번 작성해 보게"가 더 효과적이다. 이때 중요한 포인트는 사장의 질문 방향이다. 어떤 문제를 해결하려면 과거보다는 현재와 미래를 두고 집중적으로 논해야 한다. 미래지향적으로 질문을 던지면 굳이 문제의 원인을 찾느라 시간을 낭비할 필요가 없다. 해법을 찾는 과정에서 무엇이 문제였는지, 어떤 점을 놓쳤는지 드러난다. 그래서 사장의 질문은 현재와 미래에 초점을 맞추고 있어야 한다.

최근 들어 직원과 회사와는 관계는 과거에 존재하였던 심정적 동질

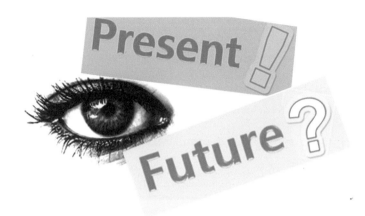

감이 많이 없어졌다. 여기서 도요타 자동차의 사례를 들어보겠다.

　도요타자동차 노조는 1950년 50일의 장기 파업 후 경영난과 구조조정을 겪고 생존을 위해 기업과 노조의 상호 의존이 필요하다는 사실을 깨달았다. 이후 노조는 생산성 향상에 전념하며 무분규 원칙을 고수했고, 회사도 무해고 원칙으로 화답했다. 70년대 두 차례 오일쇼크 때도 이 원칙은 지켜졌다. 노조는 또 2003년 이후 4년 연속 사상 최대 수익을 내고도 임금 동결에 합의했다. 노조가 생산성과 품질 향상을 위해 노력하면 회사가 다른 혜택을 베풀 것이라는 믿음이 있었기에 가능했다.

　그런데 도요타는 2012년 미국에서 740만 대 리콜 이후 최대 규모인 640만 대 리콜을 발표했다. 이로 인하여 감원과 절세를 통한 비용 절감에 나서게 되었다. 월스트리트저널(WSJ)과 블룸버그 통신은 미국 캘리포니아에 있는 도요타의 마케팅사업 부문의 구조조정 계획을 발표했다. 회사와 한몸이라는 동질감은 이미 없어지고, 회사의 존립이 최우선이었던 것이다. 이는 도요타의 기업문화와는 전혀 다른 결정이었다. 도요타 조직 개편의 구체적 범위가 그들의 경영적 목표에 맞게끔 모든 것을 조정할 수 있다는 것이었다. 이로 인하여 직원들의 생각도 자연스럽게 변하게 되었다.

그런데 작은 회사의 경우라면 어떻겠는가? 이제 가족과 같은 동질감은 없다고 보는 것이 당연하게 되었다. 하지만 사업의 주체로서 성공을 위한 모든 열쇠의 역할을 하는 리더는 달리 처리할 수 있어야 한다.

리더는 직원들의 심리를 먼저 이해하고 관리하는 것에 신경을 써야 한다. 이러한 심리적인 관리가 비생산적인 업무 행동을 통제하는 데 효과적일 수 있기 때문이다. 즉 직원의 마음을 헤아려야 관리도 수월하고 그를 통하여 사장이 원하는 소기의 목적도 좀 더 효율적으로 도달할 수 있는 것이다.

나에게는 좋지 않은 경험이 있다. 바로 직원과의 문제였다. 양말 공장을 새로 시작하면서 역점을 둔 부분은 직원들과의 인간적인 관계와 그것을 생산현장에 녹여내는 것이었다.

그런데 어느 날 한 직원의 실망스러운 행동으로 갈등이 있었다. 수시로 결근하는 것은 물론 일을 할 때도 건성건성이었다. 나는 회의시간에 해당 직원에게 전후 사정을 설명하면서 적극적으로 해 줄 것을 부탁했다. 하지만 그 직원은 자기 변명은 물론 근로기준법을 들먹이면서 엉뚱한 궤변을 늘어놓았다.

여러 차례 그런 일이 있던 어느 날, 아주 급한 주문이 들어와 모든 직원이 전력을 기울이고 있는데 갑자기 그만두겠다고 하는 것이었다.

직원들을 골탕먹이겠다는 의도가 다분한 행동이었다. 나는 정말 화가 났다. 그래서 그만두라고 했다.

그런데 며칠 후 이상한 연락이 왔다. 근로기준법 위반으로 신고가 들러왔으니 조사를 받으라는 것이었다. 너무 황당해서 자초지종을 알아보니, 그만둔 직원이 부당하게 해고당했다고 신고를 한 것이었다. 너무도 어이가 없었다.

노무사와 상담하면서 사정을 얘기하니 끝까지 가면 이길 수 있는 사안이니 합의를 하지 말라고 했다. 너무도 억울하고 화가 나서 끝까지 가보자는 심정으로 해당 절차를 진행했다. 주변에서 길고 힘든 싸움이 될 거라고 했다. 그러던 와중에 해당 기관에서는 합의를 권유했다.

"합의하시는 것이 좋습니다. 그 사람의 전력을 보니 이런 일을 한두 번 진행해 본 사람이 아니고 아주 꾼입니다. 끝까지 가면 이길 수 있겠지만, 그로 인하여 사장님이 너무도 많은 스트레스와 좋지 않은 소문과 엉뚱한 행정지도를 받을 가능성이 높습니다."

정말 억울했다. 다른 일도 하고 있었던 나로서는 정말 시간 내기가 벅차고 스트레스도 무척 심했다. 어쩔 수 없이 합의안을 받아들이고 해고에 따른 위로금을 주는 것으로 마무리했다.

이 일로 나는 커다란 교훈을 얻었다. 직원은 직원들만의 생각이 있고, 그 생각을 자기들의 방식으로 해석한다는 것이다. 그렇지만 보다 좋은 사람들과 함께 조직을 만들어야 하고 그들을 진정으로 감동시킬 수 있는 리더가 되어야 한다는 것을 깨달았다.

그후 직원들의 교육에 특히 관심을 갖게 되었다. 예를 들어, 직원들을 교육할 때 비생산적인 업무 행동을 할 경우 운이 좋으면 회사의 제재는 피할 수 있을지 모른다. 그러나 본인 스스로의 심리적 괴로움은 피할 수 없음을 알려 주면 좋다. 무의식적으로라도 회사에 해가 되는 행동을 한 경우, 이는 심리적 불안으로 남아 스스로를 괴롭힐 수 있다는 점을 알리는 것이다.

작은 회사는 경리 직원이 매우 중요하다. 자금을 통째로 맡기는 경우가 종종 있다. 사고가 나는 경우를 보면 대부분 자금과 관련되어 있다. 대응책은 자기가 믿는 사람을 그 자리에 배치하는 것인데, 그보다는 점검이 가능한 시스템으로 콘트롤해야 한다. 특히 인감과 같이 권리를 위임할 수 있는 부분은 사안별로 독립적으로 맡겨야 한다. 원천적 권리를 통째로 맡기는 것은 곤란하다.

믿음과 신뢰는 정말 중요한 요소다. 그러나 '견물생심'은 인간의 본성이다. 애초에 상황을 만들지 않는 것이 현명하고, 어쩔 수 없다면 반드시 크로스 체크가 가능한 시스템을 구축해 놓아야 한다.

보상을 점진적으로 높이면
유연성이 더 강하게 나타난다

《도덕경》에 성인무상심(聖人無常心), 즉 '성인들에겐 고정된 마음이 없다'는 구절이 나온다. 성인은 항상 변하지 않는 절대적인 마음, 상심(常心)이 없어야 한다는 이야기다. 다시 말하면 고정된 마음, 고집이나 아집이 없어야 한다는 말이다.

자신의 생각을 고정시켜 놓고 다른 생각을 가진 사람을 배척하면 안 된다. 그러면 특히 힘이 있는 사람 주변에는 자신에게 복종하는 아첨꾼들만 가득할 것이다. 이를 경계하는 말로서 우리는 인재를 구하고자 할 때 유연성과 여유를 갖고 접근해야 할 것이다.

상식적으로 인센티브와 같은 보상을 강하게 내걸면 일에 대한 강한 성취 욕구가 생겨 일의 집중력이 높아지고, 일에 대한 안정감이 생긴다. 그러나 한편으로는 상황에 따라 능동적인 대처 능력인 유연함은 떨어지게 된다. 그래서 유연한 대응이 중요한 일에 있어서는 인센티브가 독이 되는 경우도 있다.

그렇다면 인센티브와 같은 보상은 언제나 유연성을 떨어뜨리게 될까?

예일대 심리학과 마빈 천(Marvin Chun, 한국명 천명우) 교수와 그의 제자 제러미 셴(Jeremy Shen) 박사는 이 점을 잘 보여 주는 연구를 진행했다. 결론부터 말해 보자. 일의 성과에 대한 보상이 지속적으로 높은 수준에서 이루어지면 일을 대한 안정감이 높아진다. 즉 안정성이 사람들이 한 가지 일을 오래하거나 집중을 요하는 일에서는 최적의 수행 결과를 나타낸다. 하지만 보상을 점진적으로 높이면 (더 정확하게는 그럴 것이라고 생각하게 만들면) 사람들은 안정성보다는 유연함이 더 강하게 표출된다. 한 가지 일을 하다가 다른 일을 하도록 했을 때 그 일에 보다 더 쉽고 빠르게 적응하더라는 것이다.

작은 회사는 특히 조직의 유연함을 갖추는 것이 정말 중요하다.

독일 레겐스부르크대학 심리학자인 케르스틴 프로버(Kerstin Frober)와 제신 드레이스바흐(Gesine Dreisbach) 교수의 '조직의 보상과 유연함'에 대한 연구 결과를 살펴보자.

이들은 기대되는 보상의 크기에 따라, 부여하는 순차에 따라 전혀 다른 행동들이 일어난다는 사실을 밝혀냈다. 점점 보상이 커질 것이라는 기대를 만들면, 일을 전환함으로써 훨씬 더 큰 이익을 창출할 수 있다는 기대가 높아지는 것이다. 그리고 일의 전환에 따른 거부감은 최소화된다. 결국 조직 자체의 유연함(flexibility)이 발휘된다는 점이다. 창의와 혁신이 필요한 일에 이런 방법이 적합하다.

불확실성이 높은 환경에서 조직이 생존하고 발전하기 위해서는 유연성을 확보하는 것이 무엇보다 중요하다. 한 조직이 미래 예측이 어려운 경영 환경을 잘 헤쳐 나가는 방법을 보자. 지형 변화에 따라 방향을 바꾸면서 흐르는 강물처럼 한순간 눈앞에 펼쳐진 변화된 환경에 유연하게 대처할 수 있어야 한다. 높은 불확실성은 어느 순간에는 위기의 형태로, 어느 순간에는 기회의 형태로 나타난다. 이때 조직과 대면하는 기회를 포착하기 위해서는 상황에 대하여 효과적으로 대처할 수 있는 유연한 조직이 반드시 필요하다. 따라서 최근의 추세가 강한 변동성을 내포하고 있으므로 유연한 조직으로 전환하여야 한다.

잭 웰치는 "관료적 조직에서는 직원들이 상사에게는 얼굴을, 고객에게는 엉덩이를 내밀게 된다"고 했다. 고객 중심의 시장에서는 관료적 조직을 대표하는 피라미드형 조직을 뒤집어야 한다. 조직 구조가 역피라미드형이 되게 하여야 한다. 그래야만 고객과의 접점에 있는 현장 직원들부터 중간관리자와 최고경영자들이 그들의 얼굴과 시선을 고객이 있는 방향으로 향하게 되는 것이다.

고객과의 접점에 있는 현장 조직원들은 고객에게 충실해야 하며, 시장에서의 기회 포착을 위해 주인의식과 주체성을 갖는 자세가 필요하다. 또 중간관리자들과 지원 부서들은 그들이 제대로 뛸 수 있도록 지원해야 한다. 끊임없이 변하는 고객 중심 시장의 요구와 높은 불확실성으로 대변되는 환경이 지배하는 세상이다. 유연함과 외부 지향적 자세를 바탕으로 환경에 효과적으로 대응하여야만 한다. 그러기 위해서는 내부 역량으로 유연함은 필수적이고, 이것이 바로 성공하는 조직의 핵심 역량이다.

이 핵심 역량은 지속적인 경쟁력의 원동력이 된다. 핵심 역량을 보유하지 못한 조직은 변화하는 환경에 기능적 유연성을 앞세워 능동적으로 대응할 수가 없다. 오로지 수적 유연성 차원에서 대응하는 조직은 눈앞에서 기회를 날려 버리는 처지에 놓이게 될 것이다.

지식정보화 시대에 조직의 핵심 역량이 될 가능성이 가장 높은 자원이 바로 사람이다. 새로운 경영시스템은 조직 내 인적자원을 핵심 역량화할 수 있어야 한다. 무한경쟁과 불확실성이 높은 경영 환경은 창의성과 혁신이 살아 숨쉬는 조직을 요구한다.

안정적 경영 환경에서 아날로그 기술을 기반으로 발전해 온 20세기 산업화 시대에는 조직 운영의 개선을 통해 효율성 향상을 추구해 왔다. 그러나 지금은 21세기다. 불확실한 환경에서 혁명적으로 발전하는 디지털 정보통신기술을 기반으로 경쟁해야 하는 21세기다. 21세기 지식정보화 시대의 조직 운영은 창의성과 혁신이 핵심 축이다.

조직구성원들에 대한 요구도 달라졌다. '열심히 일하기보다는 보다 스마트하게 일하기'가 중요해졌다. 과거에 경험해 보지 못한 환경이 눈앞에 펼쳐지고 있다. 창의적으로 사고하면서 지속적으로 유연한 혁신을 이루어 내는 기업만이 무한경쟁에서 살아 남을 수 있다.

나는 직원들에게 스스로 주인의식과 유연한 대처방식을 갖도록 노력한다. 사실 쉽지는 않지만 그렇게 해야만 한다. 100을 얻기 위함은 아니라도 다만 10을 얻더라도 하는 것이 좋은 것이다. '바다를 건너려면 바다에 뛰어들어야 한다'는 중남미 속담이 있다. 마음에 들지 않는 상황이 있을지라도 조직의 유연함을 확대해 나가기 위해 끊임없이 노력하는 것이다.

창의적인 문제 해결 방법
5단계

《사기》〈여부위열전〉에 기화가거(奇貨可居)라는 말이 나온다. '우연히 발견한 좋은 물건을 활용하는 지혜와 기회를 놓치지 말라'는 뜻이다.

전국시대 진나라에 여불위라는 상인이 당시 각국을 다니면서 장사를 하고 있었다. 어느 날 여불위가 조나라의 수도 한단에 갔을 때의 일이다. 소양왕의 손자인 이인이 조나라의 인질이 되어 총대라는 곳에 갇혀 있다는 것을 알게 되었다. 이때 예불위의 머리가 비상하게 돌아갔다.

'이것이야말로 진기한 보배다. 훗날 큰 이익을 얻을 것이다.'

여불위는 이인의 처지를 동정하는 척하고 경제적인 도움을 주며 자주 그를 찾아가 그의 신임을 얻었다. 그리고 이인이 쓴 편지와 자신이 준비한 귀한 보물과 돈을 가지고 태자와 슬하에 자식이 없는 화양 부인을 찾아가서 설득했다.

마침내 여불위는 재력과 능변으로 이인을 태자로 세우는 데 성공했고, 이인이 왕위에 올라 장양왕이 되자 재상이 되었다. 그리고 여불위

와 조희 사이에서 낳은 아들 '정'은 훗날 중국을 통일하는 진시황제가
되었다. 여러분도 기회가 왔을 때 이를 잘 활용하기 바란다.

　　개인 또는 기업들이 당면한 선택의 문제 중 하나는 안정을 택할 것
인가 아니면 변화를 택할 것인가 하는 것이다. 대부분의 사람들은 안정
을 택한다. 현재 하고 있는 일이 편하고 거기에 익숙해져 있기 때문이
다. 그러나 환경은 끊임없이 변화하고 있다. 기업들도 싫든 좋든 변화
를 겪고 있다. 혁신을 위한 노력은 이제는 선택 사항이 아니라 필수 사
항이다.

　　사실 혁신의 중요성을 부정하는 기업이나 구성원들은 거의 없다. 또
한 많은 기업들이 혁신에 힘을 쏟고 있다. 그러나 혁신을 성공적으로
실행하고 있는 기업들은 그렇게 많지 않다. 그러면 반드시 해내야 할
혁신을 어떻게 해낼 것인가? 혁신에 있어 필요한 창의력을 제약하는 것
은 무엇일까? 점진적인 혁신은 성장에서 한몫을 할지는 몰라도 장기적
으로 사업의 지속성을 보장하지는 못한다.

　　혁신 활동이 성공적으로 이루어지려면 우선 혁신의 전략 목표가 명
확해야 한다. 기업들은 기업의 비전 및 전반적 비즈니스 전략을 기반으
로 혁신 전략 및 실행 계획을 수립해야 한다. 그 다음 수립된 전략을 제
대로 수행하는 것이 중요하다. 아무리 우수한 혁신 전략이 수립되고 과
제가 선정된다 하더라도 반드시 실행이라는 과정을 거쳐야 한다. 그렇지
않으면 아무 소용이 없다.

　　전략을 수립하는 것도 중요하지만 수립한 전략을 제대로 실행하는
것이 보다 중요하다. 과감한 혁신 활동이 일정 수준까지 오르려면 사장

의 관심과 열의가 필수적이다. 그러나 사장이 계속적으로 혁신 활동을 주도하기 위해서는 필요한 것들이 있다. 바로 구성원들의 능동적인 참여다. 기존의 관행에 익숙한 구성원들은 혁신 활동의 근본취지와 달성 목표를 이해하고 능동적으로 참여하려고 하지 않는다. 이렇게 되면 사장의 관심이 적어지게 되고, 그들의 참여도 역시 낮아지게 된다.

나는 의류를 생산하여 한국의 유명 브랜드에 납품하는 회사의 물류 작업을 진행한 적이 있다. 해당 회사에는 아주 젊은 여자 감사가 디자인을 총괄하고 있었다. 미국에서 공부도 했고, 집안 배경도 좋은 사람이었다. 그런데 상대방을 좀 무시하는 경향이 있었다.

하루는 매우 급한 물류 일이 있어 그 회사 회의에 참석하여 설명을 듣게 되었다. 그때 깜짝 놀랄 일이 벌어졌다. 경험이 풍부한 직원이 원자재 수급 문제와 해결 방안을 얘기하는 중간에 갑자기 그 젊은 감사가 끼어들었다. "그건 됐고, 이런 일은 그냥 최대한 빨리 처리하고, 물류 입고를 받는 측에 선물을 주고 해결하면 돼!" 하고는 회의를 마치는 것이었다. 설명을 하던 직원은 무척 당황한 표정을 지었다. 내가 보기에도 민망하기 짝이 없었다.

한참 지난 후 그 회사 사장과 만난 자리에서 그날의 소회를 전하자, 그 사장은 무척 당황스러워했고 1개월가량이 지난 후 거래가 끊어졌다. 나중에 들으니 그 회사는 법정관리에 들어갔다고 한다. 한때는 물동량이 많아 우리 회사에 많은 이익을 안겨 준 회사였는데, 무척 아쉬웠다.

경험을 알아주지도 않고, 소통에도 문제가 있고, 문제를 근본적으로 해결하는 노력을 게을리하는 회사였다. 문제에 대한 근본적인 분석도 없이 사적인 인연에 휘둘리는 상황이 어떤 결과를 나타내는지 보여 준 사례가 아닐까 싶다. 우리가 강조하는 혁신은 그만두고라도 상식적인 선에서 해결할 수 있는 정도는 되어야 할 것이다.

결국 성공적인 혁신 활동이 이루어지기 위해서는 구성원들의 능동적이고 적극적인 참여가 필수다. 그런데 모든 구성원이 혁신 활동에 적극적으로 참여하도록 하기 위해서는 몇 가지 고려해야 할 요소들이 있다.

우선 기업은 구성원들과 지속적인 소통을 통해 혁신의 필요성에 대한 공감대를 형성하여야 한다. 그리고 혁신 성과를 공유함으로써 그들 스스로 혁신 활동이 필요하다는 것을 느껴야 한다. 즉 현재 수행하고 있는 업무에 투입하고 있는 시간과 노력을 증대하는 것이다. 그리고 혁신 활동이 성공적으로 이루어지기 위해 구성원들이 더 잘해 보고자 하는 문제의식을 갖도록 해야 한다.

우리는 가끔 '문제가 없다'고 말하는 사람이나 기업을 본다. 언뜻 좋아 보일지 모르지만, 대부분 이런 경우는 지금 처한 현상을 제대로 파악하지 못하고 있는 것이다. 아니면 목표 없이 살아가는 위험한 상태를 나타내는 것이다. 진정한 혁신을 위해서는 항상 자신을 반성하고 새로운 목표를 세우는 일을 반복해야 한다. 나아가 이미 드러난 문제를 확인하는 데 그치지 않고 보이지 않는 문제까지도 찾아내어 해결하여야 한다.

또한 문제점을 발견한 후 이를 해결하는 데 있어 구체적인 혁신안을 기획해야 한다. 그리고 결과물을 만들기 위한 창의적인 문제 해결 능력을 갖추어야 한다. 창의적인 문제 해결 능력의 원리는 간단하다.

먼저 문제를 발견하는 단계를 거쳐야 한다. 참여자 모두 혁신에 대한 민감성을 기르는 데 도움을 주는 방법이다. 사장이나 구성원들이 실질적인 문제가 무엇인지 감지하는 것이 첫 번째 순서다. 즉 문제를 찾아내는 능력을 기르는 단계다.

두 번째는 사실을 발견하는 단계를 밟는다. 사장과 구성원들의 관찰력을 길러 주는 단계로 보면 된다. 지금까지 해온 업무를 통해 해결하고자 하는 문제에 대한 혁신 부분을 발견하는 단계다. 과감한 혁신을 위해서 반드시 필요한 매우 중요한 단계다.

세 번째는 문제를 정의하는 단계다. 문제를 해결하는 방법을 찾기 위해 반드시 해당 문제에 대한 정의를 해야 한다. 주로 문제를 어떻게 해결할 것인지에 대해 고민하면 된다.

네 번째, 아이디어를 발견해 내는 단계다. 여러 가지 해결할 수 있는 아이디어를 말해 보는 단계다. 현실적이든 비현실적이든 자유롭게 다양한 관점에서 내놓은 형태를 취하면 된다. 유창함, 융통성, 독창성, 정교함을 발휘하여 아이디어를 찾아내면 된다. 브레인스토밍도 좋은 방법이고, 외부 성공 사례를 벤치마킹하는 것도 좋다.

이렇게 생성된 아이디어를 가지고 해결 방안을 발견하는 다섯 번째 단계를 거치면 된다. 이때 여러 가지 아이디어를 검증하고 논리적으로 따져보면 선택되는 부분이 있다. 즉 체크리스트와 객관적인 평가기준을 정하여 택하는 것이다. 이 방법이 가장 효과적이다. 그리고 평가를 통해 찾아낸 해결 방안을 직접 실행에 옮긴다. 이 방법을 혁신에 적용하면 다각도로 접근하는 세부 방안도 도출될 것이다.

결국 혁신은 기업의 성공뿐만 아니라 지속성을 위하여 필수불가결한 부분임을 알아야 한다. 다음과 같이 순서를 지키면 어렵지 않다. 꼭 실행하길 바란다.

- 혁신하고자 하는 문제를 발견한다.
- 문제에 따른 제반 사실을 확인한다.
- 확인 사실에 의거하여 문제를 규정한다.
- 규정된 문제를 해결할 아이디어와 창의성을 발휘하여 혁신 방안을 획득한다.
- 획득한 혁신 방안을 현장에서 구체적으로 실행한다.

Chapter 05

작은 기업을
강하게 만드는
리더십 키우기

리더에게
가장 중요한 자질은
혁신성과 도전의식이다

《논어》〈천하무도(天下無道)〉에서 유래한 혼용무도(昏庸無道)는 '세상이 어지럽고 도리가 제대로 행해지지 않는다'는 뜻이다. 나라의 예법과 도의가 무너진 상태를 뜻하는 '무도'와 무능한 정치 지도자를 뜻하는 혼군과 용군이 합쳐진 것으로, 리더의 잘못은 곧 모든 것을 어렵게 만든다는 엄중함을 일깨우는 말이다.

경영자들은 정말 바쁘다. 할 일이 너무 많고 공부할 것도 무척 많다. 그들은 책과 잡지뿐만 아니라 주변의 다양한 경험을 통해 리더십을 배우려고 정말 많은 노력을 기울인다. 그런데도 언제나 부족한 것 같아 고민한다.

리더십에 관한 지식에 대한 열망은 비즈니스 환경 변화에 대한 단순한 대응책은 아니다. 성공이라는 고지를 점령하기 위한 노력이고, 충분하지 않은 자원을 보다 효율적으로 활용하기 위한 열망이다. 그 어떤 축구팀도 좋은 골게터를 많이 보유하고 있지는 않다. 그렇기에 사업에 있어서의 진정한 리더는 일과 공부에 대한 만족도가 늘 아쉽기만 하다.

과거 전통적 리더는 영향력을 발휘하기 위해서 힘의 근원이 되는 권력이나 지위에 따른 형태를 갖추었다. 하지만 전통적 리더의 역할은 사회가 급변하고 조직의 환경이 복잡해지면서 한계에 부딪쳤다. 그래서 어떠한 환경에서도 쉽게 변하지 않는 '원칙 중심의 리더십'을 갖추기 위해 다양한 방법을 강구하게 되었다.

리더는 과감한 판단을 내릴 수 있는 자신만의 원칙이 있어야 한다. 그 원칙의 기저에는 목표를 정하고, 그것을 실행하고 추진하는 능력을 길러야 한다. 가만히 서서 경쟁 상대들에게 공략당할 수 있는 쉬운 목표물이 되면 안 된다. 회사 직원들을 잘 돌보는 최상의 방법도 고민하여 그들에게 항시 정보를 제공해 주어야 한다. 설령 그 정보가 사업에 타격을 주는 나쁜 내용이라도 제공할 여유를 가져야 한다. 그러한 행동들에 대한 기본적인 원칙을 수립하여야 하는 것이다.

여기서 우리 리더의 표상인 성웅 이순신에 대해 알아보자.

그는 바람 앞의 등불인 조선을, 누란지위에 빠진 조선을 구한 임진왜란의 진정한 리더다. 그가 나타났다는 말에 도주했던 다른 장수 수하의 패잔병들이 모여들 정도로 그의 리더십은 두터운 신뢰를 보여 주었다. 단 12척의 배로 200여 척의 일본 정예 함대와 맞붙어 기적 같은 승리를 이뤄 낸 명량해전은 영국의 해군사관학교 교본에 나올 정도로 위대한 승전보였다. 바로 이러한 사례가 그의 리더십의 산물이다. 이처럼 한 개인의 리더십은 지리멸렬한 국가도 구할 수 있음을 보여 주었다.

글로벌 경제위기로 기업 경영이 생존의 문제로 다가오면서 과거 경제

도전정신 & 혁신성

개발 초기에 아무것도 없는 상태에서 지금의 세계 10대 교역 대상국이 되도록 한국 경제의 초석을 닦은 원조 기업가들의 기업가 정신을 새삼 되돌아보게 된다.

1979년 미국 뱁슨대학교가 삼성그룹 창업주인 고 이병철 회장에게 '최고경영자상'을 수여할 때 이 대학 소렌슨 총장은 "이병철 회장이 새로운 사업을 일으킨 것은 항상 그 사업의 시장성이 가장 낮은 수준에 있을 때였고, 극히 곤란한 환경에 처해 있을 때였다"고 말했다.

그리고 이어령 전 문화부장관은 "SK 최종현 회장이 남긴 가장 큰 유산은 수량적으로는 계측 불가능한 기업문화"라고 말했다.

한국 경제의 초석을 닦은 창업 회장들은 산업 불모지였던 당시에 과감한 투자와 무모하리만큼 의욕적인 경영을 펼쳐 나갔다. 창업 회장들의 도전정신은 위기를 기회로 활용했다는 점에서 배워야 할 기업가 정신이다. 우리도 작은 기업으로 시작하지만 그래도 담대하게 꿈을 갖고 나아가는 기업가 정신을 가져야 할 것이다.

나는 최근에 유튜브를 시작했다. 그 유튜브를 많은 사람들이 보기 때문에 그만큼 좋은 정보를 주어야 한다고 생각한다. 그리고 그만큼 책임감이 뒤따라야 한다. 또 기성세대로 살아온 경험이 누군가에게 도움도 되었으면 하는 생각에 도전을 한 것이다.

물론 잘못 전달하면 어떡하지 하는 불안감도 있다. 하지만 나는 현재 완벽한 완성형의 사람이 아니라 배우고 성장해 가는 진행형의 사람이고, 유튜브는 또 다른 도전임과 동시에 하나의 생산일 수도 있다. 내가 모르는 것을 전달하는 것이 아니라 유튜브를 통해서 같이 공부하고 배우면서 함께 성장해 나가는 것이다.

우리가 사는 이 세상이 모두에게 천국일 수는 없다. 4차산업은 우리에게 많은 것을 바꾸어 놓았다. 생각하는 방식이나 의사 결정 과정이 엄청나게 변화하고 있다. 요즘 젊은이들은 쉽게 결정하고 쉽게 포기한다. '심사숙고'라는 것이 없는 듯하여 많이 아쉽다.

나는 살아오면서 다른 사람들을 많이 의식했던 것 같다. 뭘 하려고 할 때 주변 사람들에게 잘난 체한다거나 비난받거나 핀잔을 듣지 않을까 지나치게 걱정을 했다.

그러나 이제는 오늘보다 내일 조금 더 성장하기 위해 도전하기로 마음먹었다. 작은 도전이지만 스스로 응원해 본다. 여러분도 도전의식을 갖고 도전의 기회를 갖기 바란다. 어떤 목표를 달성하기보다는 한순간 한순간 도전하고 실천해 가는 과정에 성취감을 두는 것이 더 좋을 것 같다. 일단 하고 싶은 것은 지금 하는 것이 정답이다. 어제보다 더 나은 오늘을 만들기 위해서 시작하는 것이다.

이런 사례들을 통하여 작은 기업의 리더들이 갖춰야 할 가장 중요한 자질은 혁신성과 도전의식임을 알 수 있다. 큰 기업이건 작은 기업이건 최근의 기업 환경은 사장들에게 생존은 물론 영속성을 확보하는 것이 주요 이슈다. 지속가능성을 위하여 어떠한 경쟁력을 가져야 차별성을 확보하고 성공을 위한 열쇠를 쥘 수 있을까를 고민하고 있다.

일반적인 위기관리는 당연히 극복하여야 함과 동시에 과거와 달리 위기 이후의 기회를 창출하는 노력도 함께 하고 있다. 리더들은 연구 개발비, 마케팅 홍보비, 판촉비, 구조조정 등에 있어서 무조건 삭감을 해서는 안 된다. 위기 속이지만 갖고 있는 자원에 대한 균형 잡힌 배분을 염두에 두고 고민하여야 한다.

리더는 현재의 위기를 타개할 뿐 아니라 미래 대응 전략이나 미래 통찰력을 갖추려는 노력을 해야 한다. 요즘 같은 세계적인 경제위기 상황, 특히 한국 경제의 위기 속에서 리더십은 위기를 기회로 바꾸는 원동력이 되어야 함을 잊지 말아야 한다.

좋은 리더가 되려면
있는 그대로를 보아야 한다

소 걸음의 미덕을 잘 표현한 '호시우보(虎視牛步)'라는 고사가 있다. 고려 후기의 문인 민지는 일연 스님의 생애를 기록한 〈보각국사비문〉에서 이 말을 인용했다. 스님이 몽골 침략기와 원 침략기를 '호시우보' 하며 "무리 속에서 홀로 있는 듯하고, 존귀함과 비천함을 같이 생각했다"고 적었다.

호랑이처럼 보고 소처럼 걸으라는 이 말은, 사물을 볼 때는 호랑이가 먹이를 보듯 예리하게 보고 행동으로 옮길 때는 소가 걷듯 신중하게 움직여야 한다는 뜻이다. 리더는 모든 일에 조심성 있고 확실하게 하라는 가르침이라고 생각한다.

상황을 판단할 땐 작은 것이라도 놓치지 않고 꼼꼼히 들여다보아야 한다. 그런 다음 일단 행동으로 옮기기로 결정했을 땐 마음을 조급하게 먹지 말고 원하는 것을 위해 한결같은 마음으로 황소처럼 우직할 정도로 한걸음씩 조심스럽게 내딛어야 한다.

늦지만 한발 한발 신중하고 꾸준하게 하자는 얘기다. 거북이가 토끼와의 경주에서 이길 수 있었던 힘도 바로 이 꾸준함이다. 바로 리더가 자신의 리더십을 구축하기 위한 좋은 길인 것이다.

"비겁한 변명입니다. 뚜다다다다!"

영화 '실미도'에서 설경구가 외친 명대사다. 그렇게 믿고 따랐던 장교가 결국 위의 명령에 따라 부대를 해체하기로 결정했을 때 분노에 못 이겨 총을 난사하며 한 말이다. 그들은 오직 명령을 수행하기 위한 일념으로 전우를 잃어 가면서 혹독한 훈련을 이겨 낸 사람들이다. 그들이 반란을 일으키고 서로가 서로에게 총을 겨누게 되는 장면을 기억할 것이다.

사장들은 조직원에게 목적과 비전을 심어 주기 위해 노력한다. 때로는 격려하고 칭찬하며, 때로는 언성을 높이고 질책하기도 한다. 그러나 어쩔 수 없는 상황에서는 조직원들에게 이해를 구하는 경우도 많다. 리더도 나름의 사정으로 인해 더 깊은 수렁에 빠지기 전에 고뇌에 찬 결정을 할 수도 있다. 그러나 리더를 믿고 따랐던 조직원들은 어떤 상황, 어떤 사정이라도 비겁한 변명으로 비칠 수 있다.

우리 의지와는 무관한 연유로 당장은 큰 위기로 느껴지지 않는 일들도 있다. 그러나 제대로 대처하지 않으면 위기를 겪게 된다. 이럴 때 리더는 책임을 져야 하는 대표로서 모든 것을 짊어지게 된다. 헛된 희망에 부풀어 긍정적인 미래만을 기약하다가 눈 뜨고 코 베이듯 사기도 당하는 것이다.

모든 것이 완벽하다고 확신했던 프로젝트가 이유도 모른 채 허사로 돌아가기도 한다. 오래 공들여 우리의 선택만 남은 상황에서 사람과의 의리와 신뢰를 지키기 위해 거절하기도 하는 일도 있다. 지금 눈 딱 감고 오케이 한다면 그간의 고생에 대해 어느 정도 보상을 받을 수 있는 일임에도 말이다.

리더로서 정말 어려운 시험대에 서는 것이다. 리더도 사람인지라 욕심이 있고 유혹에 눈앞이 아찔해질 때가 있다. 그럴 때마다 떠올려야만 한다. 우리 회사는 나의 것이 아니라 우리 모두의 회사이고 우리의 꿈이라고. 정신 바짝 차리고 호시우보를 가슴에 새겨야 한다.

다시 검토하고 다른 대안을 찾아야 한다. 다음 기회를 준비하도록 하여야 한다. 한두 번의 성공은 우연으로 가능하다. 개인도 그렇고 조직도 그렇다. 별 생각 없이 만든 제품이 크게 히트하면 가능한 일이다. 오래전 사놓았던 땅값이 갑자기 올라 부자가 될지도 모른다. 하지만 그런 성공을 유지하는 것은 우연만으로 불가능하다.

기업의 평균 수명은 점점 짧아진다. 그렇기 때문에 대부분의 기업은 지속가능성에 관심을 갖는다. 지금은 물론 앞으로 오랫동안 살아남기 위해 필요한 것은 바로 냉철한 현실 분석이다.

위대한 기업은 냉혹한 사실을 직시한다. 잭 웰치에게 경영 노하우를 묻자 이렇게 대답했다.

"저는 평생 사실을 사실대로 보려고 노력했습니다. 하지만 정말 쉽지 않더군요. 사실을 사실대로 보고 그것을 바탕으로 냉정하게 일을 하려 하는 것, 이것이 제 노하우입니다."

훌륭한 리더는 냉혹할지라도 진실과 사실을 소통을 통하여 전달한다.

성공한 기업은 이런 문화를 만드는 데 성공했다. 이들이 사용한 방법을 살펴보자.

첫째, 공식·비공식 창구를 통하여 스스럼없이 모든 부분에 대하여 질문한다. "요즘 무슨 생각을 하고 있습니까?" "그것에 대해 얘기 좀 해 줄래요?" "내가 이해할 수 있게 도와주겠어요?" "우리가 걱정할 일이 뭡니까?"

둘째, 리더는 자신의 부족함을 인정하고 겸손한 마음으로 답을 이끌어내기 위해 소통하는 사람이어야 한다. 질문을 할 때는 존중하는 자세로 대해야 한다.

셋째, 사실을 있는 그대로 보는 자세를 가져야 한다. 사람은 누구나 자신에게 유리한 정보만을 취하려는 습성이 있다. 지금은 모두 비슷한 정보를 갖고 있다. 성공한 기업은 이런 정보 속에서 다른 매의 눈으로 필요한 정보를 획득한다. 함께 위기를 타개할 수 있는 신중한 눈으로 기회를 포착하는 것이다.

그 기회를 새로운 상황에 맞추어 성실하고 신중하게 실행하는 진짜 리더의 자리를 이룩하여야 한다. 경쟁 속에서 상대와 어떻게든 이 상황을 타개할 수 있는 전략을 세우고 극복할 수 있는 수단과 방법을 강구하여야 한다.

하룻밤 사이 일어나는 일이란 없다. 아이디어들이 자라나다가 어느 순간 열매로 실현되는 것이다. 마술 같은 사건이나 극적인 전환점도 결코 없다. 궁극적으로 갑작스러운 결과로 나타났다면 그것은 우연한 사건일 뿐이다. 그들은 변화라는 말을 많이 하지 않지만 변화를 이루고 있는 것이다.

성공한 기업과 성공한 리더는 그렇다. 무엇인가 화려하고, 남다른 비법이 있는 것이 아니다. 살펴보면 새로운 것은 아무것도 없다. 누구나 아는 기본적인 것이다. 중요한 것은 이런 것을 얼마나 열정을 갖고 냉철한 판단 하에 성실하게 실천하느냐에 달려 있다. 바다 같은 말보다는 한 종지의 물과 같은 실천이 중요하다.

회사 위기를 극복하려면 명확한 목표, 신뢰, 긍정적인 분위기가 필요하다

《주역》 64괘 중 첫 괘인 '건괘'에 "하늘의 운행은 건장하니 군자는 그것을 본받아 스스로 강건하여 쉼이 없어야 한다"는 말이 나온다. '평생 쉬지 않고 스스로 연마하라'는 뜻을 담은 자강불식(自强不息)이라는 말은 중국 최고 명문인 칭화대학교의 교훈이기도 하다.

노력 없이 얻은 성과는 한줌의 모래와 같아서 손가락 사이로 빠져나가기 마련이다. 나는 그런 사람이 아니라며 끊임없이 노력하는 수밖에 없다. 그런 자세는 리더로서는 너무나 당연한 것이다. 리더는 스스로 돌아보고 모든 문제를 자기에게서 찾는 사람이다. 남 핑계 대지 않고 묵묵히 맡은 일을 성실히 수행해 나가는 것이 위기를 극복하는 최고의 덕목인 것이다.

기업이 위기에 처하면 나타나는 전형이 있다. 조직원들은 방향을 잃고 불안감에 휩싸여 어쩔 줄을 몰라 한다. 이때 위기를 기회로 바꾸려면 병형상수(兵形象水)의 지혜를 지녀야 한다. 《손자병법》에 나오는 병형상수는 '흐르는 물처럼 주변 형세에 따라 시시각각 변화를 주어야 전투에서 이길 수 있다'는 뜻이다. 그리고 위기를 기회로 바꾸어 새로운 도약을 하려면 자강불식의 뚝심이 있어야 한다.

위기가 닥쳤을 때 보통의 리더들은 의미가 없어 보이는 엉뚱한 일에 매달려 체력을 소모하기도 한다. 모두들 위기를 말하지만 정작 리스크를 극복하는 행동은 기피하고 조직은 경직된다. 조직원들은 패배주의에 빠지고, 그로 인해 조직의 분위기는 엉망이 된다. 결국 개인이나 조직은 각자의 살 길을 찾게 되고 그 과정에서 서로를 불신하게 된다. 위기가 더 큰 또 다른 위기를 초래하는 악순환이 되풀이되는 것이다.

위기 속에서 악순환의 고리를 끊는 역할은 바로 리더의 몫이다. 작은 기업은 특히 사장의 역할 자체가 기업의 생존을 책임지기 때문이다. 그래서 위기에 빠진 기업을 소생시키는 핵심은 역시 리더다.

이때 리더는 몇 가지 지침을 가지고 대응하여야 한다.

먼저 명확한 목표를 제시하고 모든 조직원을 하나로 묶는 구심점 역할을 해야 하며, 뚜렷하고 일관된 메시지로 조직원들이 혼란을 겪지 않도록 해야 한다. 위기 상황에서는 백가쟁명식 의견이 분분하다. 하지만 누구 하나 나서서 과감히 리스크를 맡으려 하지는 않는다. 이때 리더는 먼저 결단을 내려야 한다. 최선이 아니면 차선이라도 과감하고 신속하게 대안을 선택하여야 한다. 또한 최종적인 의사 결정을 내렸으면 즉각 조직원들을 하나로 묶어 한 방향으로 매진해야 한다.

두 번째로는 조직원들과의 신뢰를 형성하여야 한다. 위기 상황에서는 서로 믿지 못하고 정보는 왜곡되기 마련이다. 더욱이 각자에게 이익이 되는 일만을 챙기는 현상이 나타난다. 이런 현상들은 결국은 모두에게 치명타를 주게 된다.

이런 문제를 해결하기 위해서는 오직 진솔한 소통밖에는 답이 없다. 리더는 자신이 속한 조직을 어디로 끌고 가고 있는지 솔직하게 조직원들과 공유하는 자세가 필요하다. 스스로의 치부를 드러내는 용기가 필요하다. 이러한 자세야말로 조직원들과의 신뢰를 구축하는 가장 좋은 방법이다. 위기 상황에서 리더의 이런 자세는 조직원들에게 리더가 그들을 배려하고 있다고 느끼게 할 것이다.

세 번째로는 부정적인 생각으로 가득한 조직에 긍정적인 희망과 부정적인 상황을 탈출할 수 있다는 믿음과 활력을 심어 주어야 한다. 부정적인 감정은 쉽게 그 무엇보다 빨리, 크게 다른 사람에게 전달된다. 그리고 그 결과로서 합리적인 판단을 하지 못하게 되는 지경에 이르고 동시에 조직의 사기도 떨어뜨린다.

또한 위기 속에서는 작은 실책에도 모두 예민하게 반응한다. 이런 분위기에서는 어느 누구도 움츠러들 수밖에 없다. 이런 시점에 리더는 과감해져야 한다. 실책에 대한 책망보다는 격려와 칭찬을 통하여 모두에게 긍정의 신호를 보낼 수 있어야 한다.

우리는 위기 속에서 최악의 결정을 하는 리더들을 보는 경우가 많다. 최악의 리더들은 자질이 부족하다. 여러 사람의 운명을 좌우하는 중요한 의사 결정을 하는 사람이 리더다. 그렇지 못할 경우에는 최악의 결정을 내릴 것이다.

리더로서 갖추어야 할 여러 요소 중에서 최근에는 공감 능력을 많이 중시한다. 리더는 타인들의 감성적 측면에서 그들과 잘 공감한다. 또한 이를 논리적 사고 및 판단과 결합시킬 수 있는 능력을 갖추어야 한다. 이러한 결정을 하였다면 이를 조직원들과 진정성을 가지고 소통해야 한다. 리더에게 이 능력이 없다면 공감되는 의사 결정과 이에 대한 소통이 불가능하다.

다음으로 무책임한 주변 사람들을 중용하는 일이 발생한다. 리더의 오판과 잘못된 결정을 거부하거나 이의를 제기할 만한 사람들이 주변에 없는 경우를 말한다. 리더가 치명적인 실수를 해도 측근에서 리더의 오류를 바로잡아 줄 수가 없는 것이다. 리더의 독단에 대해 적절한 견제와 밸런스의 기능이 없는 조직이나 구도를 만든 것도 역시 리더의 책임이다. 오판에 대하여 서로 책임을 지지 않으려고 입을 다물게 되는 상황을 초래하는 것이다.

또한 잘못된 리더와 상황을 가능하게 만든 시스템이 또 다른 원인이다. 제대로 구축되지 않은 시스템은 각종 위기에 대한 대처 능력을 갖추지 못하는 장벽이다. 위기는 급변하는 환경이 당연시되는 시기에는 더욱 빈번해질 수 있다. 시장 환경과 사회 환경이 더 복잡해지고 변화가 심해질수록 그에 따른 리스크도 커진다. 그러한 리스크의 증가에 비해 그에 대응하는 기업의 구조, 운영 및 관리방식, 그리고 리더의 자질이 더더욱 중요성을 띠게 되는 것이다.

위기를 극복하는 것은 우리 모두의 비극을 막는 길이다. 위기는 늘 우리 곁에 있다.

기업의 진정한 핵심 역량은 위기를 극복하는 과정에서 표출된다. 기업의 위기는 항상 존재한다. 기업 경영을 하면서 한 번도 위기가 없었다면 그것은 단지 운이 좋았다는 것을 의미할 뿐이다. 위기 속에서 새로운 도약을 이끌어 내는 역할은 바로 리더의 몫이다. 그래서 위기 시대에 리더의 역할이 더욱 필요한 것이다. 잊지 말자. 리더는 그 기업의 모든 것일 수 있다.

작은 기업의 효율성과
실행력을 최대치로 높이는
16가지 방법

《논어》〈자로편〉을 보면 "자로가 정치에 대해서 여쭈니, 공자가 말하길 '솔선수범하여 노력하라.' 자로가 더 말씀해 줄 것을 청하자, 공자가 말하길 '솔선수범하는 행위를 게을리하여 싫증 내지 말라'"는 구절이 나온다. 이것은 리더가 '모든 일에 솔선수범하여 남을 이끌어야 한다'는 것이다. 또한 그 솔선수범이 일회성이나 허세에 그치는 것이 아니라, 게을리하여 싫증을 내지 않고 몸과 마음이 일치되어 생활화해야 함을 의미하는 것이다. 이처럼 솔선수범은 몸과 마음에 배어 저절로 행해야 하는 것이다.

솔선은 '남보다 앞장선다'는 뜻이고, 수범은 '모범을 보인다'는 뜻이다. 말 그대로 남보다 앞장서서 모범을 보이는 것이 솔선수범이다. 이를 통해서 알 수 있는 것은, 자기가 하고 싶지 않은 일을 남에게 시키지 않는 것뿐만 아니라 더 나아가 남이 하고 싶어 하지 않는 일을 자기가 대신하는 것이다. 즉 '내가 한다'는 말이다.

말이란 행동으로 옮기기가 매우 어렵지만 행하고 나면 그 효용이 크다. 그만큼 가치가 있는 것이다. 리더라면 반드시 행해야 할 부분이다.

율곡 선생도 지도자의 덕목으로 솔선수범을 강조했다. 《대학》에 "사물에는 근본과 말단이 있고 일에는 마침과 시작이 있으니 그 먼저와 나중을 알면 도에 가깝다"라는 말이 있다. 율곡 선생은 "모든 일에는 근본이 있고 말단이 있다. 임금은 마땅히 자신의 마음부터 바르게 함으로써 조정을 바르게 하고, 조정을 바르게 함으로써 백관을 바르게 하고, 백관을 바르게 함으로써 만민을 바르게 하는 것이다"라고 하였다.

위에서 먼저 모범을 보여 솔선수범하여야 아래에서도 호응하여 따르게 된다는 것이다. 공자는 이것을 "군자의 덕은 바람이요, 소인의 덕은 풀이다. 풀 위로 바람이 불면 풀은 바람 부는 방향으로 따라 눕게 마련이다"라고 하였다.

솔선수범의 성공 사례는 수없이 많다. 짧은 시간에 흑자 행진을 기록하며 미국의 4대 항공사로 성장한 사우스웨스트항공사의 경우도 그중 하나다. 사우스웨스트항공사의 창업자이자 CEO를 지낸 허브 켈러허(Herb Kelleher)의 생각은 늘 한 가지였다고 한다. "어떻게 하면 직원들을 행복하게 해 줄까?" 하는 것이었다. 그는 언제나 직원들에게 솔선수범하는 모델이었다.

그의 메시지는 간단하지만 힘이 넘친다.

"직원들에게 잘 대해 주어라. 그러면 직원들은 고객들에게 친절을 베풀 것이며, 고객들은 단골 거래로 당신에게 보답할 것이다. 결과적으로 당신도 주주들에게 보답할 수 있게 된다. 이것은 고결한 순환이다."

《잘되는 회사의 16가지 비밀》이란 책의 저자 퍼디낸드 포니스는 3만 명의 미국 내 기업 리더들에게 "직원들이 해야 할 일을 제대로 하지 않는 이유가 무엇이라고 생각하는가?"라고 질문하였다. 그리고 이들의 응답을 바탕으로 효과적인 조직관리를 통해 직원들을 유능하게 만들고, 자신은 탁월한 리더로 성장할 수 있는 방법을 소개했다. 그중에서 가장 중요하다고 생각되는 내용을 살펴보면 다음과 같다.

조직원들이 일을 열심히 하지 않는 이유 중 하나는 그 업무가 회사 차원에서 어떤 의미가 있는지, 개인 차원에서는 어떤 이익과 손해가 생길 수 있는지 잘 모르기 때문이다. 그래서 왜 그 일을 해야 하는지 분명하게 알려 주어야 한다. 다시 말하면 그 업무를 잘하고 못하고에 따라 회사에 어떤 영향을 미치는지, 직원 자신에게는 어떤 보상이나 처벌이 따르는지를 분명하게 알리는 것이다.

조직원들에게 일방적으로 잔소리하는 것을 교육으로 간주하거나 업무 경험이 많다고 선배에게 무조건 신입사원 교육을 맡겨서는 안 된다. 제대로 일하는 방법을 알고 있는지 확인해야 하는 것이다. 교육 담당자를 선정하고, 교육 내용을 표준화하며, 교육이 끝난 후에 실습을 통해 효과를 점검해야 한다.

업무의 효율성과 직원들의 실행력을 높이고 싶다면 그들에게 해당 업무에 대해 분명하게 설명해야 한다. 정확한 직무 설명을 통해 회사가 직원들에게 원하는 것이 무엇인지 알려 주어야 한다. 마치 행동에 대해서는 계약을 체결하듯 꼼꼼하게 직무를 설명해야 하는 것이다.

그리고 검증된 방법을 따르도록 설득하자. 회사에서 지시한 방식대로 일을 하지 않는 직원들이 있다. 그들에게는 근거를 들어 기존 방식이 왜 효과적인지 이해시켜야 한다. 그러나 직원이 끝까지 납득하지 못한다면 검증된 방식을 따르도록 명령하고, 진행 상황을 면밀히 감독하자.

바람직한 혁신과 그렇지 않은 혁신을 구별해야 한다. 바람직한 혁신은 직원들이 생각해 낸 방법이 현재와 미래의 성공에 도움이 될 수 있는 효과적인 방법일 경우다. 바람직하지 않은 혁신은 직원 스스로는 성과를 낼 수 있는 방법이라고 생각하지만, 다른 사람들은 그렇지 않으리라는 것을 알고 있는 경우다.

업무의 우선순위와 기준을 제시해야 한다. 업무의 우선순위가 바뀌었을 때 고위직에서는 금방 인식하지만 직원들에게는 잘 전달되지 않는 경우가 많다. 우선순위를 자주 바꾸거나 모든 일을 급하게 재촉하는 상사는 직원들의 신뢰를 잃게 된다. 우선순위를 명확하게 제시하고, 그 기준을 인식시켜야 한다.

일을 잘하면 반드시 보상해야 한다. 월급과 인사고과는 직원들의 의욕을 불러일으키기엔 너무 간접적이다. 하나하나의 업무에 대해 잘된 부분은 칭찬이나 감사, 인정 등을 통해 즉시 보상할 수 있다. 또한 특별휴가, 원하는 업무 배정 등 다양하고 풍부한 보상 방법을 활용하면 업무 성과를 높일 수 있다.

긍정과 부정의 피드백을 즉시 전달해야 한다. 많은 직원들은 업무를 제대로 하고 있지 않은데도 피드백을 받지 못해 그 사실을 모른다. 업무 성과와 진행 과정에 대해 그때그때 칭찬하고 문제점을 지적하라. 특히 부정적인 피드백을 할 경우 사람이 아닌 행동과 업무에 초점을 맞춰

부작용을 최소화해야 한다.

문제 직원에게 말려들지 말아야 한다. 불평을 일삼거나 업무 성과가 저조한 직원에게 편한 업무를 배정하거나 더 잘해 준다면 결국 힘든 업무는 성실한 직원에게 넘어가고, 관리자가 실무까지 떠맡게 된다. 맡은 일을 제대로 하지 않는 직원에게는 어떤 보상도 하지 말아야 한다. 단, 업무가 개선되면 칭찬하는 것을 잊어서는 안 된다.

열심히 일한 직원이 손해 보지 않는 시스템을 만들어야 한다. 어려운 업무이거나 열심히 일하더라도 대가가 따르지 않는 업무인 경우에는 다른 보상을 반드시 제공해야 한다. 특히 할 일을 제대로 수행하는 직원에게 오히려 손해가 가는 회사 정책이나 시스템이 있다면 과감히 바꿔야 한다.

직원들이 몸을 사리지 않도록 자극해야 한다. 실제로는 손해를 보지 않지만 직원들이 '알아서' 몸을 사리는 경우도 있다. 상사의 생각과 다를까 봐 창의적인 아이디어를 말하지 않거나 잘 안 될까 봐 새로운 프로젝트를 겁내지 않도록 해야 한다. 회사에서 허용되는 것과 그렇지 않은 것을 정확히 알려야 한다.

제대로 일하지 않는 직원에게는 불이익을 준다. 업무 태도와 성과가 나쁜 직원들도 자동적으로 임금이 인상되고 승진하는 경우가 많다. 상사가 나쁜 사람이 되기 싫어 그런 직원에게도 인사고과를 후하게 주거나 마치 폭탄 돌리듯 다른 부서로 전출시키는 것은 열심히 일하는 직원에게 해가 된다.

통제할 수 없는 장애물이 있다면 반드시 적극적으로 개입해야 한다. 다른 부서가 협조를 안 하거나, 사장이 직속 상사의 지시와 모순되는

지시를 직원에게 직접 내려 업무에 혼선이 생길 수도 있다. 부하 직원이 대처하기 어려운 상황이 발생하면 상사가 직접 개입하여 해결하거나 직원들과 대처법을 미리 상의해야 한다.

업무 수행 문제를 능력의 문제로 단순화시키면 안 된다. 회사의 일상적인 업무를 수행하는 데 올림픽 금메달리스트가 필요한 것은 아니다. 업무 수행 문제를 섣불리 개인의 능력 부족으로 단정짓지 말고 구체적으로 잘잘못을 따져 원인을 파악하라. 탁월한 능력이 요구되는 일이라면 미리 철저히 평가하여 그에 맞는 인재를 채용해야 한다.

개인사가 업무에 부담을 주지 않도록 기준을 정해야 한다. 경조사, 이혼소송, 치과치료, 교통사고, 자녀 학교 방문 등 사안의 심각성과 필요에 따라 특별휴가, 보험제공, 조퇴 등의 기준을 미리 정해 두는 것이 좋다. 상사의 재량대로 지나친 선심을 베풀거나 야박하게 굴지 않도록 제도화해야 한다.

직원이 불가능한 업무라고 말한다면 해당 사실을 확인해야 한다. 업무 태도가 문제가 아니라 실제로 불가능한 업무도 있다. 문제를 자세히 살펴 직원이 방법을 모를 뿐인지, 어려운 일이지만 머리를 맞대고 논의하면 해결책을 찾을 수 있는지, 정말 아무도 할 수 없는 일인지 정확히 파악해야만 한다.

여기서 이 내용을 다시 다섯 가지로 정리해 보았다.

첫째, 조직원들에게 제대로 된 일에 대한 교육이 있어야 한다. 교육 내용 중에는 반드시 왜 그 일을 해야 하는지 분명하게 알려 주는 것도 포함되어야 한다.

둘째, 업무 지시는 최대한 구체적으로 하고, 업무 추진은 근거가 있는 방법으로 실행하도록 한다. 또한 실행 결과는 공정하게 보상하여야 한다.

셋째, 바람직한 혁신을 하되 기준을 갖고 우선순위를 정하여 실행해야 한다. 그리고 그 결과는 반드시 피드백이 있어야 한다.

넷째, 직원들을 끊임없이 자극하고, 신상필벌이 확실해야 한다. 그리고 신상필벌에는 반드시 기준이 있어야 한다.

다섯째, 업무 수행 문제를 능력 문제로 단순화시키지 말아야 한다. 탁월한 능력이 요구되는 일이라면 미리 철저히 평가하여 그에 맞는 인재를 배치해야 한다.

회사에 위기가 오면 핵심 역량에 더 집중해야 한다

'무리지어 있는 닭 가운데 한 마리 학'이라는 뜻인 군계일학(群鷄一鶴)은 《진서》〈혜소전〉에 나오는 말이다. 혜소는 열 살 때 부친이 무고죄로 형장의 이슬로 사라진 후 홀어머니를 모시고 근신하고 있었다. 그런 혜소가 처음으로 낙양에 들어가게 되었을 때 무명씨가 칠현의 한 사람인 산도에게 소개하였다. 산도는 그를 무제에게 천거하였다. 혜소가 낙양에 입성하는 것을 본 또 다른 무명씨는 칠현의 또 다른 사람인 왕융에게 혜소를 본 이야기를 하였다.

"어저께 사람들 속에서 혜소를 보았습니다. 드높은 의기며 기개가 마치 닭의 무리 속에 한 마리 학이 끼어 있는 것 같았습니다."

그러자 왕융이 "자네는 아직 그의 아버지를 본 적이 없어서 그러네"하고 말했다. 무제는 혜소를 비서승이라는 관직에 등용했다.

리더는 무리 속 군계일학의 인재를 볼 수 있는지, 그를 중용할 수 있는지를 살필 줄 알아야 한다.

역사상 최고의 리더로 꼽히는 칭기즈칸은 워싱턴포스트지가 선정한 과거 1000년간 가장 위대한 인물이다. 몽골 유목민들은 칭기즈칸에 대한 믿음 하나만으로 따랐다. 그들은 사막을 가로지르고 눈보라를 헤치고 강을 넘어 광활한 몽골제국을 건설하였다.

칭기즈칸의 최대 리더십은 상상력과 열정이었다. 상상력과 열정은 강한 동력을 이끌어 낸다. 또한 그런 상상력은 유목민들에게 바깥세상에 대한 꿈을 갖게 하였다. 그리고 동지 아니면 적이라는 단순한 정서를 가진 몽골인들에게 하나라는 의식을 심어 주었다. 칭기즈칸은 특히 무한한 열정으로 사분오열된 몽골인들을 신바람 나게 하나로 묶었다. 신바람은 칭기즈칸에게 감흥을 받아 미친 듯이 대륙을 정복해 나가는 몽골 전사의 원동력이 된 것이다.

같은 맥락에서 리더라면 카오스의 혼돈 속에서도 역할을 해야 한다. 혼란으로 움츠리기보다는 상상력과 열정을 심어 주는 힘을 가져야 하는 것이다. 그 힘은 시장을 개척하고, 획기적인 제품을 개발하는 원동력이다. 그리고 훌륭한 마케팅 전략도 창출하게 되고, 위기 상황을 전화위복하는 결과를 만들어 낸다.

칭기즈칸에게 배울 점 중 하나는 단출한 군장으로 정복에 나선 전략이다. 작은 기업 혹은 신생 기업이 벤치마킹할 만한 훌륭한 요소다. 즉 기업은 위기의 순간에 핵심 역량이 무엇인지를 간파해야 한다. 그리고 이를 중심으로 체질 개선을 달성하여야 한다. 또한 이런 개선은 스피드를 중시하는 형태로 경영해야 하는 이유이기도 하다.

우리나라 역사상 가장 위대한 리더는 역시 세종대왕이다. 세종 리더십의 핵심은 신하들의 의견을 두루 듣는 '경청'을 통한 '소통'이었다.

세종은 왕위에 오른 첫날, "정치는 혼자 하는 게 아니라 더불어 하는 것"이라고 했다. 특히 "신하들의 의견을 두루 듣고 싶다"는 말을 강조했다. 그리고 세종은 신하들에게 "나의 허물과 정치의 그릇됨을 말하라" 하면서 끊임없이 직언을 요구했다.

실제 세종 14년(1432)에 여진족이 침입하였다. 그러자 대응 방안에 대한 비상회의를 열었다. 세종은 신하들에게 "모든 의견을 말해 보라"면서 먼저 듣기를 청했다. 신하 최윤덕은 "군사작전을 전개하기 힘든 곳"이라며 "출병은 불가하다"고 반대의견을 피력했다. 이에 세종은 "야인들이 백성을 죽이고 잡아가는데도 가만둔다면 후일 자주 침범할 것"이라고 말했다. 다시 최윤덕은 "대마도는 백 년 동안 준비했고, 이것은 겨우 십 년 동안 준비했다"면서 재차 반대했다. 시종일관 듣고 있던 세종은 "경의 말이 옳다"고 했다. 그러나 세종은 "하지만 적의 실상을 아는 곳에 군대를 보내 한두 마을 쳐부숴도 족하다"고 설득했다. 결국 최윤덕은 세종의 의견을 받아들였다. 경청과 소통을 몸소 행한 것이다.

이런 세종의 '경청'과 '소통'의 리더십은 후대 경영인들이 많이 배우고 실천하고 있다.

또한 콜린 마셜이라는 인물을 살펴보자. 21세기 칭기즈칸에 비견되는 리더로 불리는 영국의 기업가인 그는 80년대 고질적인 노사분규와 만성적자에 허덕이는 영국항공(BA)을 진두지휘했다. 그는 현장 중심 경영을 통해 영국항공을 견실한 우량회사로 바꾸는 리더십을 발휘한 것이다.

80년대 당시 영국항공은 방만한 경영으로 3년간 1만4,000명을 해고

하고 약 8,000억 달러의 적자를 기록했다. 영국항공은 효율과는 거리가 먼 영국 공기업의 대명사로 이름이 난 것이다.

1983년 콜린 마셜이 CEO로 취임하면서 영국항공은 변하기 시작했다. 그는 영국항공을 회생시키는 길은 바로 현장 중심 경영이라는 사실을 깨닫고 '항공사업은 고객 만족이 최우선이다'라는 비전을 갖고 있었다. 그렇기에 고객들과의 소통을 통하여 현장을 중시하는 경영을 추진하였다. 대표적인 일은 고객과 가장 빈번한 교류가 이루어지는 발권 카운터를 주시했다. 그곳은 회사와 고객과의 대응자세를 볼 수 있는 현장이자, 고객의 불만이 표출되는 장소였다. 그래서 그는 직접 현장에서 그런 부분부터 적극적인 관심을 기울였다.

특히 요즘은 변화가 극심하고 경영 환경이 급격하게 악화되는 추세다. 이럴 때는 특히 리더의 리더십이 정말 중요하다. 바람 앞의 촛불을 어떻게 지켜 나갈지 고민해야 하기 때문이다.

그럼 성공적인 리더십을 발현하기 위해 어떻게 해야 할지 알아보자.

첫째, 리더는 위기의 실체를 정확히 알아야 한다. 주변에서 일어나는 환경 변화를 세밀히 살피는 것부터 해야 한다. 그리고 조직의 강점과 약점, 위협 요인과 기회 요인을 파악해야 한다.

둘째, 난국을 타개할 정확하고 확실한 비전을 제시하여야 한다. 냉철한 분석을 통하여 선택과 집중을 해야 한다. 리더는 우선 위기 극복에 대한 자신감과 스스로 정립한 비전에 대하여 믿음을 가져야 한다. 그리고 신뢰를 바탕으로 직원들과 소통하여야 한다. 직원들에게 동기부여를 해야 하는 것이다. 즉 리더의 과감함이 필요한 부분이다.

셋째, 리더가 갖고 있는 모든 네트워크를 동원해 위기 대응에 탄력적으로 움직일 수 있는 조직이나 조치들을 강화해야 한다. 정보를 수집하여 이를 분석하고 비상계획을 수립해야 하며, 수립된 계획은 신속하고 일관되게 실행해야 한다.

나는 지인의 소개로 수제만두를 온라인으로 판매하는 회사를 방문한 적이 있다. 굉장히 재미있는 기업문화를 갖고 있는 회사라는 이야기를 듣긴 했는데, 사장의 안내를 받으며 복도를 걸어가다가 직원들을 만나는 순간 깜짝 놀랐다. 그들이 갑자기 "사랑합니다!" "사랑합니다!" 하고 큰 소리로 인사를 했던 것이다.

나도 얼떨결에 같이 인사를 했다. 그들은 하루에 몇 번을 마주쳐도 똑같이 인사를 한다는 설명을 들었다. '서로간의 소통을 재미있게 간결하게 표현하는 회사구나!' 하고 느꼈다. 지인이 왜 재미있는 회사라고 하였는지 이해가 갔다. 인사하는 기업문화 하나로 그 회사 사장을 다시보게 되었다. 사람들이 스스로를 귀히 여기고 동료들도 귀히 여기는 문화였던 것이다. 또한 판매에도 활력을 주는 그 어떤 힘이 느껴졌다. 대단한 기업문화였다.

이렇듯 리더들은 창조적인 리더십을 통해 핵심 역량에 대한 선택과 집중을 해야 한다. 그래야만 진정한 차별적 경쟁력을 갖게 되는 것이고, 이를 통한 판매력 향상은 재무 건전성을 유지할 수 있는 원천이 된다.

리더가 솔선수범할 때
조직원도 따른다

공자는 민가사유지 불가사지지(民可使由之 不可使知之), 즉 "백성을 따라오도록 할 수는 있어도 그 이유를 알게 하기는 어렵다"고 말했다.

조선시대 대학자인 다산 정약용 선생도 이렇게 얘기했다.

"도는 천지 어디에나 흐르고 있는 것이지만 도에 뜻을 둔 사람만이 도를 알 수 있다. 도는 말미암은 것, 즉 실천하는 것이지 지식의 대상이 아니다."

북송시대의 정자는 이런 주석을 달았다.

"일부러 백성이 모르도록 한다면 이는 후세의 조삼모사 속임수이니 성인의 가르침이 아니다. 성인이 가르침을 세울 때 모든 사람을 깨우쳐 주고자 했지만 알게 해 줄 수 없어 그저 말미암게 할 수 있을 뿐이다."

청나라의 캉유웨이(康有爲)는 '민가 사유지 불가 사지지'라고 띄어 읽으면서 '쓸만한 백성은 따르게 하고 그렇지 못한 백성은 알게 한다'고 해석했다.

중국의 리쩌허우(李澤厚)는 "백성들과는 이루어진 일을 즐거워할 수 있지만, 함께 시작을 도모할 수는 없다"로 연관지어 활용했다.

리더는 공부를 많이 한다. 그리고 많은 부분을 조직원들에게 전파하고자 노력한다. 그러나 쉽지 않다. 우선 배우는 것을 이해하기도 어렵다. 설령 이해하였다 하더라도 실행하기가 정말 어렵다. 또 직원들에게 전파하여 한 방향으로 달려가는 것은 더욱 어렵다.

원래 리더란 어려운 길이다. 그렇지만 누구라도 해 볼 만한 가치는 충분하다고 생각한다. 다소 어려움을 겪더라도 지치지 말고 꾸준히 힘을 내었으면 좋겠다.

조직원들을 움직이게 하는 것 역시 어렵다. 설령 할 수는 있어도 이해시키는 것은 더욱더 쉬운 일이 아니다. 사람들로 하여금 리더가 하는 것을 그대로 따라하게 할 수는 있다. 그러나 먼저 보여 주는 것도 없이 그 이유와 원리를 이해시켜 실행하게 만드는 것은 정말 어려운 일이다. 리더의 솔선수범 없이는 안 된다. 말로 이론과 원리만을 조직원들에게 설명하여 그들을 움직이게 하는 것은 불가능하다.

그러나 리더가 앞장서서 행동으로 보여 주는 경우라면 다르다. 설사 어려운 이론이나 원리를 모른다 해도 어렵지 않게 따라할 수 있다. 그럼에도 아무리 말로 설명을 잘 한다고 해도 듣고 행위를 한다는 것은 어려운 일이다. 리더는 걸어가면서 조직원들에게 뛰어가야만 하는 이유와 원리를 자세히 알게 해 주어야 한다. 그렇게 해도 조직원들을 자기 마음처럼 뛰어가게 하기란 여간 어렵지 않다. 결코 할 수 없을 것이다.

이런 경우를 극복하기 위하여 우리는 옛것에서 지혜를 배워야 한다.

그 지혜 속에서 직언과 진언은 아주 미미한 차이가 있다. 리더들이 직언을 수용하고 이를 받아들이는 여유를 가져야 한다. 그리고 이를 기업문화로 깔아 주어야 한다. 그래야 소통이 이루어진다.

이러한 소통은 신뢰를 형성한다. 그 신뢰 속에서 리더의 솔선수범은 선행되어야 한다. 이런 현상이 나타나면 직언을 한 직원은 직원대로, 솔선수범한 리더는 리더대로 자긍심을 느낄 것이다.

그러나 실상은 그렇지 못한 경우가 다반사다. 직원들은 변화와 혁신을 위한 좋은 아이디어를 경영진에서 받아들이지 않는다고 답답해한다. 리더도 정말 답답한 소리만 한다고 매도하기 일쑤다. 같은 말이라도 누가 어떻게 하는지에 따라 받아들이는 정도가 달라진다. 즉 신뢰가 구축된 상태면 그 정도의 차이는 달라질 것이다. 신뢰가 구축되지 않은 상태에서는 옳은 말이라도 배척당하기 쉽다. 반드시 바른 말만으로는 충분하지 않다. 일로든 인간적으로든 소통하고자 하는 상대와의 신뢰가 기반이 되어야 하는 것이다.

한비자는 "군주에게 어떤 일을 말할 때 설령 사실을 바르게 헤아렸다고 해도 반드시 받아들여지는 것은 아니다. 이치상 완전하다고 해도 반드시 채택되는 것이 아니다. 결국 어떤 일의 옳고 그름은 일정한 기준에 근거하지 않는다는 것이다. 단지 결정권을 쥐고 있는 군주의 생각이 어디에 있는가 하는 점에 따라 좌지우지되는 것이다"라고 했다.

즉 리더의 자세와 태도가 우선이다. 그리고 그 부분에 대한 조직원들간의 공유가 있어야 함을 의미한다. 그 공유는 반드시 신뢰를 바탕으로 이루어져야 한다. 그래야만 리더가 생각하는 바를 말하거나 실천해도 그에 대한 파괴력을 갖는 것이다.

나는 어떤 일을 할 때 항상 자신을 먼저 돌아보는 자세로 살아왔고, 작지만 나의 회사를 경영해 왔다. 항상 문제를 바라볼 때면 먼저 내부를 살피고, 그 이전에 나를 돌아보는 자세를 가졌다. 직원을 대할 때도 그랬고, 앞으로도 그럴 것이다.

사람은 '말을 따져 사람을 믿는' 이성적인 동물이 아니다. '우선 사람을 보고 말을 믿는' 감성적인 동물이다. 신뢰는 지속성이 있어야 쌓이는 것이다. 즉 한결같은 일관성이 최우선 조건이다. 한결같다는 것은 성실과 열정을 하루하루 꾸준하게 실행하는 것이 그 바탕이다.

《탈무드》에 이런 말이 있다.

"넘어지면 앞에 있는 돌을 탓하고, 돌이 없으면 길이 왜 비탈졌느냐고 탓한다. 비탈도 없으면 신고 있는 신발을 탓하면서 자신이 부주의하였음은 탓하지 아니한다."

'핑계 없는 무덤은 없다'는 속담은 결과가 잘못되었을 때 그 책임을 남에게 떠넘기는 인간의 속성을 말하는 것이다. 공부하기 싫어하는 학생이 열심히 하지 않아 대학에 진학하지 못했다. 그러고는 훗날 사회에 나와서 대학을 못 나온 것은 부모 잘못 만난 탓이라 한다. 진급하지 못한 것은 상사를 잘못 만난 탓이고, 하는 일이 여의치 못하면 조상의 무덤을 잘못 쓴 탓이라고 한다.

부자들이 잘 사는 것이 마음에 안 들어 그들의 집에 불을 질렀다는 방화범의 궤변 역시 제 잘못을 남의 탓으로 돌리는 것이다. 이렇듯이 책임을 남에게 떠넘기는 풍토가 우리 사회에 팽배해 있음을 단적으로 보여 주는 것이다.

국내외 정세가 어지럽고 물가는 하루가 다르게 올라가고 풀어야 할

현안 문제가 산적해 있는데도 상대방 탓만 하고 있다. 적어도 나라의 현재와 미래를 걱정해야 될 책임 있는 리더라면 "내 탓이오" 하고 나설 만도 한데, 모두 "네 탓이오"라고만 외쳐댄다. 지조와 청렴결백을 최고의 덕목으로 삼던 우리 조상들의 기상은 다 어디로 갔는지 안타까울 뿐이다.

스스로를 돌아보면서 자문해 본다. 성급하게 신뢰를 쌓기 전에 리더인 자신에게 질문을 던져보자.

첫째, 모든 부분을 전향적으로 생각한다. 리더가 생각하는 것이 옳지 않을 수도 있다. 또 조직원들의 생각이 옳을 수 있다. 리더는 이를 인정하여야 한다. 누가 이기고 지는 싸움이 아니다. 둘 다 윈윈하는 것을 원할 것이다. 그것이 인지상정이다. '리더도 옳지만 조직원들도 옳다'는 생각을 가져야 한다.

둘째, 객관적 사실을 확인하여야 한다. 요즘은 뉴스마다 팩트체크라는 코너가 있다. 같은 말을 하더라도 해석에 따라 전혀 다른 경우로 보일 수 있다. 당연히 서로 같은 것이라고 알고 있는 것 같지만 사실은 다를 수 있음을 확인해야 한다. 일치한 것 같지만 일의 방향성과 해결책에 대한 표현과 대응이 불일치할 경우가 많다.

역지사지의 자세를 가져야 하는 것이다. 그래야 신뢰가 구축되고, 신뢰가 구축되어야 리더의 마음처럼 힘있게 일이 실행되고, 그 결과를 성공으로 연결할 수 있다.

결국 리더는 꾸준함으로 신뢰를 형성해야 한다. 그리고 늘 열린 자세로 모든 부분을 바라보는 여유를 갖고 있어야 한다. 그래야 성공에 이를 수 있다.

솔선수범, 유머, 지혜는
리더가 가져야 할
필수 덕목이다

어떤 리더라도 조직원들을 일시적으로는 원하는 대로 따르게 할 수 있다. 그러나 그 일에 대한 모든 이치를 알게 할 수는 없다. 리더가 조직원들을 따르게 할 수 있는 방법은 직위로 인한 힘 혹은 리더십 두 가지다. 힘으로 밀어붙이든가 아니면 조직원들이 스스로 따라올 수 있는 리더십을 발휘해야 하는 것이다. 직위로 인한 힘은 한계가 있다. 단기적으로는 효과가 있을 수 있다. 그러나 장기적으로는 적지 않은 문제를 야기시킨다.

임기응변과 단기 성과는 가능하다. 그렇지만 장기적이고 효과적이며 안정적인 결과를 가져오기는 쉽지 않다. 눈앞의 효과는 있겠지만 뒤돌아서면 바로 허물어지는 그런 결과를 만들어 내기 십상이다. 그렇기 때문에 리더는 직위로 인한 힘보다는 리더십을 가져야 한다.

어느 조직이든 리더와 조직원이 가질 수 있는 정보의 크기는 다르다. 리더가 가지고 있는 정보를 100% 조직원이 공유하기는 불가능하다.

어떤 중요한 프로젝트를 진행할 때 리더는 당연히 중요한 정보를 갖고 있는 경우가 많다. 그 정보를 조직원들에게 모두 공개하기는 어렵다. 그렇지만 프로젝트를 완성하기 위해서는 조직원들과 함께해야 한다.

이때 리더의 선택은 단순하다. 무작정 믿음을 갖고 따라오도록 하는 수밖에 없다. 그렇게 하려면 먼저 솔선수범하는 자세가 기본이다. 모두 다 공개하고 싶지만 현실은 그렇지 못하다. 그래서 리더는 솔선수범을 보여야 한다.

조직의 리더는 조직원을 움직일 줄 알아야 한다. 그것이 리더십이다. 그 리더십의 바탕은 솔선수범이다.

옛말에 백성이 우매해서가 아니다. 백성은 물이요 군주는 물 위의 배라고 했다. 백성이 우매하기는 하지만, 우매한 성난 파도에 의해 배는 하루아침에 침몰할 수도 있다. 백성이 우매해서라기보다 백성은 리더의 솔선수범을 보고 싶고 리더의 믿음을 보고 싶은 것이다. 솔선수범이라는 실천적인 모습이야말로 리더의 중요한 지혜로움을 보여 주는 것이다.

다음은 유머다. 유머는 사람 간의 긴장과 갈등을 완화시켜 준다. 즉 조직 전반에 긍정적인 효과를 발휘한다. 특히 리더와 조직원 사이처럼 수직적인 관계에서 유머는 의사 소통을 보다 수평적으로 변화시킨다. 조직의 분위기를 밝게 하고 동시에 긍정적인 분위기로 이끈다.

우리는 흔히 위계질서가 있는 조직을 바람직하게 여긴다. 또 의사 소통에 공식적인 체계를 갖춘 것을 선호하는 사람들이 많다. 이를 심리학자들은 '구조화 욕구가 강하다'고 정의한다. 구조화 욕구가 강한 사람들은 관계를 수평적으로 만드는 유머를 싫어할 가능성이 높다. 하지만 연구 결과에 따르면 구조화 욕구가 강한 직원들에게도 리더의 유머가 긍정적인 효과를 발휘하는 것으로 나타났다. 기업에서 리더십을 발휘할 때 유머가 유용하게 쓰이는 것을 보여 주는 결과다.

리더는 직원과의 관계를 개선하기 위한 도구로 유머를 적절히 사용할 필요가 있다. 리더가 유머를 했다는 것 자체로 긍정적인 영향을 미치는 것이다. 리더십에 대한 또 하나의 지혜로 유머 사용을 추가해야 하는 이유다.

또 리더에게는 보이는 지식보다 보이지 않는 지혜가 요구된다.

4차산업혁명 시대에는 리더가 정보와 지식을 얼마나 많이 알고 있는지는 중요하지 않다. 리더는 넘쳐나는 정보와 지식을 자신의 사업에 필요한 자원으로 가치 있게 사용할 수 있는 융합적 사고가 중요하다. 즉 리더십에 있어 가장 필요한 것은 지식을 선별하는 통찰력이다.

리더십의 요체인 통찰력은 혜안을 가져야 나온다. 혜안은 사물에 대한 가치를 보는 안목과 식견을 말한다. 리더십을 갖춤에 있어서 통찰력이 없다면 어떻게 될까? 통찰력이 없는 리더십은 조직을 이끌 때 주변 상황에 이리저리 휘둘리게 된다. 이렇게 되면 조직의 성과는 떨어지고 만다. 리더십의 발현만이 사업을 자신의 의도대로, 목표대로 리드해 갈 수 있다.

통찰력을 가진 리더십은 자신의 계획과 목표대로 조직을 이끌어 갈 수 있다. 즉 자신과 조직원들을 기쁘게 할 수 있다. 리더의 자리에 있는 사람과 그렇지 않은 사람의 차이는 평소 통찰력을 키우는 리더십을 보유했

는지 여부에 그 성패가 달려 있다.

그러면 어떻게 통찰력을 키울 수 있을까? 먼저 현상을 있는 그대로 만 보지 말자. 리더 자신이 직간접적인 경험을 통해 관찰하고 생각하여 야 한다. 바로 주변 현상을 다양한 시각으로 바라볼 것을 권한다. 다음 으로 이러한 시각 속에서 살피는 것이다. 찾아낸 것들을 자신만의 생각 으로, 느낀 이슈를 구체적으로 정리한다. 정리된 이슈들을 자신의 경험 과 전문적인 지식이나 조언을 통하여 걸러낸다. 그래야 자신만의 통찰 력을 키우고 이것이 리더십으로 발현된다.

결론적으로 4차산업혁명 시대의 통찰력이란 환경의 변화 및 새로운 혁신기술에 대한 자신만의 안목을 만드는 것을 말한다. 이 통찰력은 어 떤 변화가 있을지를 알 수 있게 하는 것이다. 다양한 인문학적 지식과 상상력을 동원하여 새롭게 바라보는 시선을 갖기를 권한다. 이것이야 말로 경쟁이 너무도 일상화되어 있는 요즘 시대에 다른 사람보다 한발 앞서는 길이다.

다시 강조한다. 리더십을 지닌 리더는 한발 먼저 행동해야 한다. 통찰력을 갖추고 이 통찰력을 바탕으로 성공하는 리더가 되자. 통찰력 있는 리더는 전체를 읽는 데 능통하다. 이 능통함은 새로운 성공과 꿈을 만들어 갈 수 있는 또 다른 핵심 역량이다.

리더는 매일 새로워지도록
노력해야 한다

새롭다는 것은 처음이요 시작이라는 의미다. 매일매일 새롭고 또 새로워지라는 이야기는 매일 새로 시작하는 마음으로 하루를 맞이하라는 것이다. 중국 은나라의 건국 시조 탕왕은 '구일신 일일신 우일신(苟日新 日日新 又日新)'이라는 글귀를 대야에 새겨 놓고 매일 세수할 때마다 자신을 경계했다고 한다.

누구나 사업을 시작할 때는 열정과 패기를 가지고 성공을 이루려고 한다. 하다가 중간에 흐지부지하려고 사업을 시작하지는 않는다. 새로운 해가 시작되면 금연을 하겠다, 금주를 하겠다며 수많은 결심을 한다. 그러나 끝까지 지키기는 쉽지 않다. 작심삼일이라는 말이 괜히 생긴 것이 아니다.

매일 새로 시작한다는 마음을 잃어버리면 새로운 하루는 결코 오지 않는다. 그저 어제와 같은 오늘이 그리고 오늘과 같은 내일이 있을 뿐이다. 그렇게 구태의연한 자세로 리더의 역할을 수행하려 한다면 아무리 좋은 사업도 계획도 그저 허황된 꿈으로 흩어질 것이다.

리더십에 대한 나의 생각을 가장 크게 흔들었던 책은 짐 콜린스의 《위대한 기업의 조건(Good to Great)》이다. 이 책에서 저자는 리더에 대해 이렇게 말했다.

"우리가 관찰한 위대한 리더들은 꼭 화성에서 온 사람들 같다. 남의 시선 끄는 것을 싫어하고, 조용하고, 과묵하며, 심지어 수줍어하기까지 한다. 이것은 겸손함과 의지의 모순적 조합이다. 그들은 패튼 장군이나 줄리어스 시저 같은 사람이라기보다는 링컨이나 소크라테스 같은 사람이다."

참으로 아이러니하다. 그러나 GE의 잭 웰치도 "리더는 다른 사람들이 추종하기에 충분할 만큼 거만해야 한다. 동시에 자기보다 다른 사람들이 더 훌륭한 결정을 내릴 수도 있다는 것을 알 만큼 겸손해야 한다"고 말한 것을 보면 짐 콜린스의 정의는 아주 명쾌하다.

그럼 어떻게 하면 이런 리더가 될 수 있을까? 이들은 어떤 숙련 과정을 거쳤을까?

진정한 리더는 사리사욕을 취하지 않고 다른 사람에게 덕을 베푼다. 그 덕이 새와 짐승에게까지 미치도록 한 은나라 탕왕을 보자. 그는 참다운 덕을 베푼 중국의 대표적인 리더라고 회자되고 있다. 덕은 마치 그 기운이 해와 같다. 그래서 세상을 골고루 비추듯 모든 사람들의 마음에까지 영향을 미친다.

날마다 새롭고 또 새롭다는 일일신 우일신은 우리에게 끊임없이 변화하는 경영 환경에서 결코 혁신을 잊어서는 안 된다는 것을 가르쳐 주는 말이다. 리더는 항상 혁신에 전력을 기울여야 한다.

리더는 현장에서 조직을 끊임없이 혁신하여야 한다. 고인 물은 썩고, 정체된 조직은 도태된다. 기업의 목표를 혁신과 새로운 시장 창조에 두어야 한다. 이것이 바로 리더의 역할이다.

어제의 성공이 오늘의 성공을 의미하지 않는다. 내일의 성공도 장담할 수 없다. 삼성그룹 이건희 회장이 프랑크푸르트에서 신경영 선언을 할 때 "아내와 자식을 빼고 다 바꾸라"고 한 유명한 말이 생각난다.

삼성전자 백색 가전제품들이 먼지에 쌓인 채 미국 전자상가에 전시되어 있는 것을 보고 자성의 목소리를 낸 것이다. 또한 제품의 금형 몰드가 잘못되어 세탁기 뚜껑 부위를 칼로 깎아내는 현장을 확인한 삼성전자의 안일함에 충격을 받았던 것이다. 바로 최고경영자가 현장 최일선에서 가장 앞장서서 혁신을 시작한 것이다.

조선시대 세종대왕도 리더의 표상으로 불린다.

세종대왕 리더십의 특징은 세 가지로 요약된다. 세종대왕은 수준 높은 균형 감각으로 국가를 경영했다. 왕조시대였음에도 정책 수행에 앞서 백성들의 공감을 얻을 때까지 여론을 수렴하는 공론정치를 한 것이 첫 번째 특징이다.

또한 세종대왕은 백성들의 불만이 표출되기 전에 필요한 정책을 마련했다. 그리고 그 정책의 필요성에 대해 끊임없이 소통했다. 최고의 자리에서 나라의 근본인 백성의 생각을 경청했다. 그리고 이를 수용하려는 경천애민의 자세가 두 번째 특징이다.

마지막으로 모든 일에 있어서 깊이 사고하고 계속 토론하는 '숙의정치'를 실현하였다. 늘 새로움에 대하여 고민하고 늘 새롭게 해결하려는 자세를 지녔던 것이다.

이렇게 뛰어난 세종대왕 리더십의 요체는 바로 지식을 중시하고, 끊임없이 '일일신 우일신(日日新 又日新)' 하는 자세로 학습한 것이다. 국가 경영에 열정적으로 전념하면서 솔선수범하는 세종대왕에게 신하들이 공감과 감동을 받았던 것이다.

많은 기업들의 성장 전략이 제대로 구현되지 않는 경우가 종종 있다. '어제'라는 망령에 사로잡혀 과거의 위력에 굴하기 때문이다. 또한 '어제의 올바른 것'에 붙들려 있기 때문이다. 리더가 단호하게 이것을 실행하지 않으면 조직은 사멸의 길을 걷게 될 뿐이다.

그럼 어떻게 리더십을 배워야 할까?

먼저 리더로서 모범을 보이는 자세를 가다듬어야 한다. 그리고 이를 실천하고, 이를 근간으로 조직을 올바른 일에 매진하도록 이끌어가는 자세를 가져야 한다. 누구나 알 수 있는 쉬운 답이다.

피터 드러커는 "리더의 공통된 성격, 리더로서의 자질 등과 같은 것은 특별히 없다. 더욱이 리더의 카리스마는 전혀 관계가 없다"고 강조했다. 즉 일반적으로 아는 사실을 성실하게 행하느냐의 문제인 것이다.

리더는 조직 구성원으로부터 사랑과 존경만을 받으려 하지 않아야 한다. 리더를 믿고 따르는 사람에게 올바른 목표와 일을 정립해서 알려주어야 하는 사람이다. 그리고 리더는 이를 실천해 나가는 사람이라는 것을 주지시켜야 한다. 또한 과감하게 권력 이양을 실천하여야 한다. 그리고 위임하지 말아야 할 일은 스스로 할 줄 아는 사람이 되어야 한다.

작은 기업이지만 22년째 경영해 오고 있는 나는 다음과 같은 결론을 내려본다.

　효과적인 리더의 기본자세를 취하는 방법은 직접 실천하면서 부딪히는 길밖에 없다. 결국 이런 자세가 사업 성공의 경영 노하우와 리더십이 무엇인지 배우게 되는 것임을 깨닫게 되었다. 끊임없이 지치지 말고 다져나가는 자세로 일일신 우일신!

페르시아 키루스 대왕에게
배우는 12가지 리더의 길

지금까지 경영이론을 고전의 지혜와 접목시켜 풀어 보았는데, 여기서는 페르시아 제국을 건설한 위대한 왕 키루스 2세 대왕이 남긴 지혜를 배워 보려고 한다.

키루스 2세 또는 키루스 대제는 테이스페스(Teispes)의 증손자이며 키루스 1세의 손자이며 캄비세스 1세의 아들이며, 소위 황제라고 명명할 수 있는 샤한샤이다. 이란인들은 그를 건국의 아버지라 부른다. 성경에는 히브리어 발음과 유사한 고레스 왕이라고 기록되어 있다. 페르시아인의 리더로서 그가 다스리는 동안 페르시아는 아랍으로 통칭되는 중앙아시아, 서남아시아의 대부분을 정복하였으며, 인도까지 이르는 대제국으로 확장되었다.

종교적 관용과 다른 정복 민족에게까지 관대했던 정복자로 알려져 있는 키루스는 메소포타미아 지방은 물론이고 그리스에서도 이상적인 군주이자 자비로운 대왕으로 존경을 받았다. 크세노폰 등 많은 그리스인들이 그를 군주의 모범으로 묘사했다.

통치기간 동안 그는 다민족국가인 페르시아 대제국의 융화를 위해 종교적 관용정책과 포용정책을 표방했다. 또 피정복민들에게서도 기꺼이 배우는 자세를 취했다. 제국의 형태와 통치방식에서도 다른 민족의 것을 차용하여 그것을 새로운 제국에 맞게 응용했다. 이는 그의 뒤를 이은 다리우스 1세 등에게까지 전해졌다. 이러한 점들은 페르시아 대제국의 문화와 문명을 형성해 내는 데 큰 역할을 하였다.

이 키루스 2세 대왕의 일대기를 그린 《키루스의 교육》은 지금도 리더를 꿈꾸는 모든 이들에게 널리 읽히고 있다.

키루스는 마키아벨리에 의해 자신의 실력, 즉 무력으로 군주가 된 전형적인 사례로 인용된 바 있다. 이러한 키루스 대왕의 자료를 근거로 키루스의 교육을 정리해 보겠다. 리더가 되고자 하는 사람이라면 리더가 익혀야 할 것들을 배우게 될 것이다.

첫째, 정의의 수호자가 되어야 한다. 군주는 무지와 의심에 사로잡혀 공정한 심판을 내리지 못하는 경우가 있다. 그렇기 때문에 정의로운 군주는 중상모략으로부터 정직한 사람을 보호해야 할 의무가 있다. 어린 시절의 키루스는 정의에 대하여 새롭게 정의를 내린다. 즉 모든 정의는 철저한 법에 근거해서 판단하여야 한다고 했다. 리더란 정의를 근간으로 하는 원칙을 세울 줄 알아야 하며, 이를 위해 배움을 게을리해서는 안 된다.

둘째, 세월의 변화를 직시해야 한다. 키루스 대왕은 루돌프 2세를 통하여 군주로서 시대의 흐름을 알았다. 또 앞으로 나서야 할 때와 뒤로

물러설 때를 분별하는 것이 군주의 덕목임도 배웠다. 외할아버지에게
는 메디아에서 군주의 훈련을 받으며 실전적인 경험을 통하여 승리까
지 얻으며 신망을 받게 되었다. 그러나 외삼촌의 질시와 경계를 받는
것을 염려하기도 했다. 메디아를 떠나 페르시아로 돌아가면서 후일에
메디아를 취할 계획도 세웠다. 즉 정확한 시대 흐름을 파악하는 경험을
하였던 것이다. 리더는 현실을 인식하는 정확하고 통찰력 있는 눈을 지
녀야 함을 보여 준 것이다.

셋째, 불확실성에 의존하지 않아야 한다. 전쟁을 앞둔 키루스에게
아버지 캄비세스는 예측이 불가한 상황에서 다른 사람의 호의에 의존
(불확실성에 의존)하는 태도를 지적하였다. 어떤 상황에서도 스스로 통제
할 것을 가르친 것이다.

불확실성을 제거하는 방법은 뱀과 같은 욕심을 버려야 한다. 또 족
제비처럼 요령을 부려 직면한 문제를 피할 생각을 버려야 한다. 또 거
북이의 게으름을 경계해야 한다. 지혜의 언덕을 향해 한 걸음 한 걸음
옮기는 수밖에 없음을 익힌 것이다. 즉 리더로서 냉철한 결단과 스스로
의 힘을 기를 수 있어야 한다는 것이다.

넷째, 스스로 고난을 함께 나누는 것을 익혀야 한다. 키루스는 '군주
는 어떻게 팔로워가 자발적으로 충성하도록 유도해야 하는가?'의 문제
를 아버지 캄비세스에게 배웠다. '지배자는 피지배자보다 지혜롭다는
것은 인정받는 것'이라고 배운 것이다. 또한 군주의 지혜는 끊임없이
노력하는 길 이외에는 없음을 배운다. 탁월한 군주는 로고스(logos)의 논
리를 동원하고, 열정의 에토스(ethos)를 더한다. 그러면 자신을 따르는
사람들을 대신해, 먼저 고난을 대신하는 모범을 보이는 파토스(pathos)

적 자세를 지니게 되는 것이다. 당연한 말이지만 리더가 새겨두어야 할 부분임과 동시에 반드시 실천해야 하는 것이다.

다섯째, 끝까지 군주다움을 지켜야 함을 익혀야 한다. 키루스는 전쟁을 수행하는 데는 주위의 조언을 받을 수 있었다. 그러나 전쟁의 시작 결정은 오롯이 군주의 몫임을 알고 있었다. 또 전쟁에 있어 공을 세우면 신분의 차별 없이 공정한 보상을 약속하였다. 동시에 전체 상황을 잘 파악하고, 각자의 위치 선정에 현명하게 대처하고, 전투 능력까지 있는 신하들이 즐비하였다. 그리고 최종 선택은 반드시 군주의 것으로 수행했다. 즉 리더로서의 위치와 그 위치에 걸맞는 결정을 내릴 수 있는 능력을 익혔던 것이다.

여섯째, 군주의 아내도 군주임을 보여 주어야 한다. 군주가 군주다울 수 있는 것은 품위와 기품을 지닌 배우자가 있기 때문이다. 예를 들면 케네디 암살사건 때 보여 준 재클린 케네디의 기품과 위엄이 그 대표적인 예다. 또 키루스에게 정복당한 아르메니아의 군주인 티그라네스 곁에는 사랑과 신뢰를 저버리지 않은 정숙한 아내가 있었다. 전쟁터에 나가는 남편에게 군주답게 명예롭게 싸우다가 죽으라고 한 수사의 왕비 판테아 등도 있었다. 이것은 군주는 결코 혼자 되는 것이 아님을 보여 준다. 즉 품격 있는 군주의 아내도 기품과 위엄을 갖추어야 함을 보여 주는 것이다. 리더는 본인뿐만 아니라 자신을 둘러싸고 있는 모든 부분에 있어 격을 갖추어야 한다. 그리고 이를 익혀 몸에 배도록 정진해야 할 것이다.

일곱째, 사람들은 군주의 뒷모습을 본다는 것을 잊어서는 안 된다. '비너스 효과'는 비너스처럼 예쁘고 잘생긴 사람을 더 적극적으로 모방

한다는 가설이다. 그리고 본인의 관점과 다른 사람의 관점이 다르다는 것을 말한다. 우리는 거울 앞에서 앞모습 혹은 얼굴을 보지만 다른 사람들은 내가 보지 못하는 나의 모습까지도 지켜보고 있다. 그것을 잊어서는 안 된다. 키루스 대왕은 자신이 내린 명령을 스스로 행동으로 모범을 보였다. 자신을 바라보는 추종자들에게 자기 뒷모습이 보이는 것을 알았다. 그들이 그를 믿고 따를 수 있도록 행동해야 하는 것이다. 바로 솔선수범하는 자세를 익혀야 함을 말한다.

여덟째, 승리의 방식을 스스로 지녀야 한다. 키루스 대왕은 중동의 패권을 차지하기 위하여 전쟁을 결정하였다. 그때 그는 전쟁에 승리하기 위하여 네 가지 원칙을 정했다. 적의 아군부터 무력화시킨다, 수비가 아니라 공세를 선택한다, 적에게 자신의 의도를 드러내지 않는다, 병사들의 사기를 최대한 고취시켜 전진하게 만든다. 이 네 가지 원칙으로 자신만의 승리 방식을 익히고 실천했다. 또한 경험을 통해 전쟁을 승리로 이끌고, 거기서 새로운 교훈을 찾아 다음 전쟁에 적용시킨 것이다. 결국은 자신만의 방식을 갈고 다듬어 스스로의 사업에 혹은 리더십에 구현한 것이다. 리더는 이를 익혀야 하는 것이다.

아홉째, 인간의 본성을 직시하는 것이다. 누구든지 스스로 서 있다고 자만하는 자는 곧 넘어지게 된다. 넘어지지 않는 방법은 언젠가는 내가 넘어질 수 있다는 사실을 인식하는 것이다. 키루스 대왕은 인간의 본성을 잘 알고 있기에 이를 원천 차단하였다. 아라스파스 장군 같은 경우는 올바른 일의 한계를 넘지 않는다는 인간의 자제력을 믿고 행동하였다. 그러나 결국 유혹에 넘어갔다. 과연 올바른 리더의 길은 무엇이라고 생각되는가? 이에 대한 스스로의 답변을 내릴 수 있는 인문학적 관점으로 인간의 본성을 익혀야 할 것이다.

열째, 레거시(Legacy)를 남기는 사람이 되어야 한다. 대표적으로 탁월한 외교력과 리더십으로 레거시를 남긴 독일 비스마르크 재상의 지혜를 본받아야 한다. 키루스 대왕은 태도와 행동으로 자신의 백성뿐 아니라 동맹국의 왕과 적의 장수까지도 그를 찬양하게 하였다. 그는 늘 그들을 이끌며 '어떻게 하면 더 잘할 수 있을까?' 고민했던 것이다. 바로 이것이 군주의 레거시다. 여러분도 리더가 되려면 퍼스널 아이덴티티를 구축해야 한다. 그리고 이를 스스로의 트레이드 마크가 되도록 정진해야 한다.

열한째, 초심을 잃지 않는 자세를 견지해야 한다. '키루스 실린더'라는 기록을 보면 키루스는 메소포타미아의 절대신인 마르둑의 선택을 받고 바빌로니아를 해방시켰다. 그리고 모든 국가와 민족의 평화적 공존과 신앙의 자유를 보호한다는 내용도 있다. 이는 바로 키루스가 전쟁의 승리자가 갖추어야 할 군주의 모습을 나타낸 것이다.

키루스 대왕은 질투하는 인간의 본성을 간파했다. 그래서 그는 대중에게 신비감과 기대치를 주기 위해 대중과의 접촉을 삼갔다. 뿐만 아니라 현명한 처신으로 자신의 통치를 완성해 냈다. 키루스는 취임 연설에서 "여러분은 여러분의 자리에서 내가 꼭 해야 할 일을 계속하는지 감시하고 나 또한 여러분을 감시할 것이다"라고 했다. 바로 초심을 잃지 않는 자세를 견지한 것이다. 그것이 바로 중요한 리더의 자세다.

마지막으로 '제국의 요체는 사람'이라고 했다. 제국의 지속 가능성은 사람에 달려 있다고 믿었다. 그렇기에 키루스 대왕은 첫 번째 기준으로 절제심이 강하고 도덕적 기준이 높은 독실한 신앙심이 있는 사람을 선택했다. 그리고 자제심이 강한 사람을 두 번째 기준으로 삼았다. 세 번째, 탁월함을 발휘하기 위해 노력하는 사람을 선택했다. 키루스 대왕은 이런 인재를 곁에 두고자 스스로도 모범적인 삶을 살았다. 중요한 인재를 볼 수 있는 안목이 있었던 것이다. 그러려면 스스로도 자신의 안목에 들 수 있을 정도의 실력을 갖추어야 한다.

진정한 리더를 꿈꾸는 당신에게 권한다. 스스로 익혀서 자신의 안목으로 인재를 보는 눈을 가져야 한다. 나 역시 마찬가지다.

Chapter 06

작은 기업을 살리는 재무관리

오늘의 1만 원과
1년 후의 1만 원은 다르다

중국 고대 요임금 시대의 고사성어인 고복격양(鼓腹擊壤)은 '배불리 먹고 배를 두드리고 땅바닥을 치면서 박자에 맞추어 노래를 부른다'는 뜻이다. 즉 요순시대의 태평성대를 의미한다. 바로 기업에 있어 태평성대는 성공을 의미하고, 이는 재무관리에서부터 시작된다는 것을 알아야 한다.

재무관리의 사전적 의미는 경영활동에 있어 자금을 조달하고 이를 효율적으로 운용하는 것이다. 따라서 재무관리의 목표는 적은 비용으로 자금을 조달하는 것부터 시작된다. 그리고 그 자금으로 수익성이 높은 투자안을 선별하여 기업의 가치를 극대화하는 데 있다.

다만 현대 재무관리는 기존보다 범위가 넓어졌다. 그러나 기본적인 역할은 여전히 기업의 자금 조달이다. 그리고 이를 위한 주식 발행 혹은 채권 발행이 중심 업무다. 경영학에서 생산, 판매, 홍보 등의 다른 분야에 포함되지 않는 금융 관련 분야는 모두 콘트롤한다고 보면 된다. 우리가 사용하는 파이낸스(finance)라는 단어는 재무뿐만 아니라 금융이라는 더 넓은 의미가 내포되어 있다.

여기서는 작은 기업이 작은 조직으로 운영할 수 있는 재무관리에 대해 알아보겠다.

우선 창업 비용을 투자 또는 대출을 받아야 하는 것 역시 재무 지식이 필요하다. 따라서 사업 시작부터 재무관리를 이해해야 한다. 사업 자금을 마련한 후에도 이를 어떻게 관리하는가에 대한 문제가 있다. 또 흑자로의 전환 시기는 물론 성장 속도에 따른 자금 운영에 대해서도 당연히 관리가 따라야 한다. 그래야 어떤 환경 변화에서도 유연하게 대처할 수 있다. 그렇게 해야만 위기를 기회로 바꿀 수 있기 때문이다.

작은 조직이라도 재무관리의 기본인 재무상태표, 손익계산서, 현금흐름표는 반드시 알아야 한다. 이 부분은 따로 다루기로 하고 여기서는 재무에 대한 기본을 정리해 보자.

화폐는 시간의 흐름에 따라 그 가치가 다르다. 오늘의 1만 원이 1년 뒤의 1만 원과는 재무적 가치가 다르다. 기업에서 자금에 대한 내부 의사 결정을 할 경우 그 가치는 현재 시점에서 이루어진다. 반면 이로 인하여 발생하는 실제적인 현금 흐름은 시간이 경과된 미래에 실현된다. 따라서 서로 시점이 다른 상태에서 가치가 발생하는 것이다. 그러므로 현금 흐름을 갖는 투자안을 평가하기 위해서는 동일시점의 가치로 환산하는 것이 먼저다. 그리고 시기의 다름에 따른 차이가 배제되도록 조정하여야 한다.

자금의 유동성도 매우 중요하다. 대부분 동일한 금액일 경우 미래의 현금 흐름보다는 현 시점의 현금 흐름을 선호하는 경향이 있다. 이것을 '유동성 선호'라 한다. 이렇게 오늘의 1원의 가치와 내일의 1원의 가치가 달라지게 되는 것이다. 이를 화폐의 시간가치라고 한다.

사람들은 유동성 선호를 원한다. 그 이유는 시차에 따른 선호, 재화의 생산성, 물가상승, 미래의 불확실성 때문이다. 따라서 사람들은 현재의 현금 흐름을 포기할 경우가 발생하면 그에 상응하는 시간의 흐름이 발생한 미래의 가치가 더 커지기를 원한다. 이로 인해 자금에 대한 유동성 선호를 반영하여 그 가치를 나타내는 척도가 시장이자율이다.

자본 예산은 투자 효과가 1년 이상 장기적으로 지속되는 장기성 자산의 취득에 관한 투자 의사 결정 과정에서 검토할 부분이 있다. 검토하는 부분은 일반적으로 투자안 개발 → 투자에 대한 미래 현금 흐름 추정 → 투자안의 경제적 타당성 분석 → 투자안의 가치부분에 대한 평가 단계를 거친다. 한편 작은 의미로는 투자 대상에 대하여 현금 흐름을 추정해서 투자안의 경제적 타당성을 분석하는 것을 말한다.

투자 의사 결정에 있어서 우선적으로 해야 할 부분은 선정한 투자안을 분석하는 것이다. 투자에 따른 미래 현금 흐름을 추정할 때 고려해야 할 부분은 투자안의 운용 기간 중 어느 시점의 현금 흐름을 택하느냐다. 시점에 따라 가치가 달라질 수 있기 때문이다. 투자안의 경제성을 평가하려면 투자안의 현금 흐름을 시점별로 정확히 추정하는 것이 먼저다. 그 후에 합리적인 투자안 평가기법을 사용하여 추정한 현금 흐름이 기업에 어떤 공헌을 하는지 분석해야 한다.

다음으로는 불확실성 아래에서의 선택이론을 살펴보자. 불확실성의 세계에서 투자자들의 효용 극대화를 위한 합리적인 최적 투자 결정이 이루어지는 문제를 말하는 것이다. 확실성의 세계에서는 투자자들의 효용이 전적으로 해당 투자로부터 확실하게 얻을 수 있는 미래 성과(또는 수익률)의 크기에 의존한다. 그러므로 최고의 미래 성과를 가져다 주는 투자 대상을 선택하는 것이 효용의 극대화를 이루는 것이다.

하지만 미래 성과가 나타나지 않고 주관적 또는 객관적 확률분포 형태로 발생하는 상황이 불확실성의 세계다. 따라서 확률분포는 본질적으로 위험도 그 확률 안에 존재하는 것이기 때문에 성과 이외에도 실패에 대한 위험까지 고려하여야 한다.

또한 포트폴리오 이론은 현실적으로 투자자는 단순히 하나의 개별증권을 소유하는 것이 아니라 여러 개의 개별증권을 동시에 소유하는 것이 일반적이다. 이와 같이 둘 이상의 위험자산 또는 개별증권에 분산투자하는 경우 투자 대상을 포트폴리오를 구성한다고 한다. 투자자들이 둘 이상의 위험자산 또는 개별증권에 분산 투자하는 이유는 간단하다. 포트폴리오를 구성할 경우 기대수익률을 희생시키지 않으면서 위험을 감소시킬 수 있는 투자에 따른 위험 분산 효과가 있기 때문이다.

간단히 요약하면, 모든 가치는 시간을 반영하여야 한다. 오늘의 1원이 내일의 1원과는 차이가 있음을 알아야 한다. 그러므로 현재의 가치와 미래의 가치를 비교하여 그 가치를 동일조건에서 비교할 수 있어야 한다. 비교 결과를 놓고 확률적으로 성공 가능성을 높이기 위한 자금 운영 방안을 선택하는 것이다. 이런 일련의 행위를 총체적으로 관리하는 것이 재무관리다. 작은 회사라고 대기업의 자금과 다른 성격을 갖는 것은 아니다. 결국은 꾸준한 학습을 통해 정확한 가치판단을 하면 된다.

가용자금과 자금 흐름을 파악해야
흑자도산을 피할 수 있다

유비무환(有備無患)이라는 고사성어는 '무슨 일이 벌어지기 전에 사전에 철저한 준비를 하라'는 뜻이다.

중국 춘추시대 진나라에 도공이라는 사람에게 사마위강이라는 뛰어난 부하가 있었다. 그는 법을 집행하는 자리에 있었는데 누구에게나 엄격하게 법을 적용하기로 유명했다. 그때 변방의 무종국이 화친을 목적으로 사신과 함께 진기한 예물을 가져왔다. 하지만 도공은 냉담했다.

"녀석들은 신의도 없고 탐욕스럽기 그지없다. 차라리 거절하고 치는 것이 어떻겠는가?"

그러자 사마위강이 이렇게 답했다.

"그렇지 않습니다. 그들이 자청해서 화친을 요구해 왔다는 것은 커다란 행운이 아닐 수 없습니다. 치는 것은 옳지 않습니다."

결국 사마위강의 건의대로 화친을 맺고 진은 외환을 줄일 수 있었다.

몇 년 뒤, 진은 사마위강의 노력으로 초강대국이 되었다. 도공이 사마위강에게 금은보화를 하사하자 사마위강은 정중히 거절하면서 말했다.

"편안할 때 위기를 생각하십시오. 그러면 대비를 하게 되며, 대비가 되어 있으면 근심이 사라지는 법입니다."

이리하여 도공은 사마위강의 도움으로 패업을 이루게 되었다.

우리도 자금에 관해서는 누구도 대신해 주지 않는다는 것을 인식하고 유비무환의 자세로 대비를 하는 리더가 되어야만 한다.

기본적으로 자금의 흐름, 즉 돈의 움직임을 살펴보는 것은 사업의 가장 기본이다.

가계는 노동을 제공하여 임금을 받고 그 임금을 통해 여러 가지 소비활동을 한다. 그리고 남은 돈은 금융기관에 저축한다. 그 돈을 수탁받은 금융기관은 돈을 필요로 하는 기업에 빌려 준다. 그러면 기업은 빌린 돈으로 투자를 해 재화와 서비스를 생산하는 데 사용한다.

이처럼 자금의 흐름은 재화와 서비스의 생산 및 소비와 같은 실물경제활동과 금융기관의 예금이나 대출 등 모든 금융거래에서 나타난다. 국민경제 전체로 보면 실물경제활동에 수반되는 자금의 흐름이 있다. 그리고 금융자산을 거래할 때 나타나는 자금의 흐름도 있다. 즉 산업적 유통과 금융적 유통으로 구분할 수 있다.

이 산업적 유통과 금융적 유통은 서로 독립적으로 움직이는 것이 아니라 밀접하게 관련되어 있다. 따라서 경제활동을 체계적으로 분석하기 위해서는 실물경제활동과 금융거래를 연결시켜 동시에 파악해야 한다. 바로 여기에 필요한 것이 자금순환표다.

자금순환표는 국민경제를 구성하는 정부, 기업, 가계 등 경제부문 간의 금융거래를 체계적으로 정리해 각 경제부문의 자금활동 및 운용패턴 등을 유용하게 파악할 수 있는 자료다.

그렇다면 작은 기업의 자금흐름은 어떻게 보아야 할까?

좋은 예가 있다. S그룹에서 10여 년 동안 세계적인 명품을 기획하고 운영해 온 친구가 있다. 세계 각국의 명품들을 보고, 해당 회사가 개발한 제품을 명품으로 만들기 위한 프로젝트였다. 그런데 우여곡절 끝에 해당 프로젝트는 성공을 거두지 못하고 그 친구는 새로운 일을 찾았다.

마침 이탈리아대사관 주최로 명품 전시회가 열린 적이 있었다. 그 전시회에 다녀온 한 여인이 명품 사업을 하고 싶다면서 그 친구를 영입하여 회사를 차렸다. 그 친구는 이탈리아 명품을 한국에 런칭하기 위하여 이탈리아 전역을 다니면서 협업을 할 브랜드를 찾았다. 그리고 그 제품을 한국의 최고급 시장에 선보이는 일을 시작한 것이다.

그런데 최고급 호텔에 플래그숍을 오픈하기 위해 인테리어 작업을 할 때쯤 친구가 찾아와서 "도대체 필요한 자금이 있는지 없는지 모르겠다"며 하소연을 했다. 일을 진행하면서 필요한 자금을 요청하여 집행하는 방식으로 했는데, 어느 날부터는 연락도 잘 되지 않고, 어떤 날은 기도원에 있다면서 자금 집행이 원활하지 않다는 것이었다.

이탈리아에서 발주한 물건들이 한국으로 들어오고 호텔 내 숍도 인테리어 작업을 마칠 무렵, 갑자기 급전을 빌려 달라고 했다. 수입 물품 통관 자금이 필요했던 것이다. 나는 당연히 거절했다. 친구가 섭섭했을지도 모르지만 일의 진행이 불안했다. 결국 친구는 그 일을 그만두었고, 미결제 자금으로 무척 고생했다. 초기 자금은 모두 매몰되고, 프로젝트도 산산조각이 났다. 나는 통관 일을 도와주는 정도여서 큰 피해는 없었다.

그때 얻은 교훈은, 준비되지 않은 상태에서 일을 시작하면 절대 안 된다는 것이었다. 더욱이 자금에 대한 기본적인 준비도 없이 의욕만을 앞세워 사업을 시작하는 것이 얼마나 무모한 일인가를 새삼 깨달았다.

좀 더 전문적인 자금 이야기를 해 보겠다.

채권 발행이 가능한 대기업은 충분한 내부 현금 흐름을 차환(이미 발행한 채권을 또 다른 채권으로 변경하는 행위) 용도로 사용한다. 반면, 외부 자금 조달이 필요한 기업들은 대출을 통해 자금을 조달한다. 대기업을 제외한 다수 기업들의 자본시장 접근이 쉽지 않음을 뜻한다.

작은 기업은 특히 자금 흐름에 관심을 갖는 것이 무엇보다 중요하다. 내부 자금이 부족한 기업은 미래 성장 가능성에 대한 기대가 크지만, 그에 따른 사업 규모나 사업 경력이 짧은 경우가 많다. 그럴 때 특히 자금 조달에 고민이 많다.

자금 조달은 1차적으로는 금융권을 이용하는 것이 바람직하다. 다만 그에 따른 보증이나 담보 등으로부터 자유롭지 못하기 때문에 어려움을 겪게 될 수 있다. 하지만 이에 대한 다양한 경험 혹은 조달 창구를 확보하는 것이 중요하다.

가장 수월한 것은 3F, 가족(Family)과 친구(Friend) 그리고 어리석은 투자자(Foolish Investor)다. 세 번째 어리석은 투자자는 누구도 투자는 수월하지 않기에 넣어 보았다. 늘 고독한 전쟁으로 해결해야 하는 부분이 바로 기업의 자금이다.

초기 투자자금은 단단히 준비한다고 해도, 그후 기업의 현금 보유는 다양한 각도에서 그에 따른 편익과 비용을 감안하여야 한다. 기업별로 내용이 달라 일률적인 잣대로 판단할 수는 없다. 그리고 이를 현명하게 딱 떨어지게 알려 줄 묘수도 없다. 기업 사정에 따라 다양한 자금 조달이라는 메커니즘을 포함한 시장에 의해 결정된다. 따라서 기업별로 효율적인 현금 보유에 대한 관리만이 유일한 해답이다.

흑자도산이라는 말을 들어보았을 것이다. 장부상은 흑자인데 실질적인 운영자금이 없어 도산하는 것을 말한다. 나는 물류 서비스를 하다보니 시간을 다투는 일이 자주 발생한다. 국외간 거래는 반드시 결제가 동반되므로 물류 수급 시간과 결제가 동시에 발생한다. 그런데 나의 클라이언트들은 그렇지 않은 경우가 많다. 자기들 내부 사정 때문이지만 을의 입장인 나는 시간을 감내해야 하는 일이 생기게 된다. 즉 순간적인 흑자도산 상태가 될 수도 있다는 것이다.

이런 경우를 대비하여 새로운 거래선을 확보할 때는 특히 결제에 유념하여 거래를 성사시킨다. 앞서 언급한 일들이 빈번하게 발생하면 어쩔 도리가 없는 경우가 발생한다. 그러므로 시점별 자금 흐름을 예측하는 데 신경을 쓰고 있다. 자금을 운영할 수 있는 시간이 어느 정도인지, 그 규모는 어떻게 설정할지를 정할 수 있기 때문이다.

작은 기업에서의 자금 조달은 간단하다. 현재 가용자금을 파악한 다음 사업에 따른 시점별 자금 흐름을 예측하고 그 흐름 속에서 가용 자금 규모를 정해야 한다. 그리고 이를 해결할 다양한 방법을 계획해야 하는 것이다. 플랜 A, 플랜 B, 플랜 C까지 세워 자금관리에 신경을 써야 한다. 흑자도산이라는 황당한 상황이 벌어지지 않도록 말이다.

재무제표는 대차대조표, 손익계산서, 이익잉여금처분계산서, 자본변동표, 현금흐름표로 구성된다

전차복철(前車覆轍)이라는 고사성어는 '앞 수레가 넘어지면서 남긴 바퀴 자국'이라는 뜻으로, 앞사람의 실패를 거울 삼아 같은 실수를 하지 않도록 조심하라는 의미다.

재무제표는 실수를 해서는 안 되는 가장 큰 것 중의 하나다. 앞의 고사성어를 되새기면서 어렵더라도 반드시 습득하여야 할 지식이다.

돈이 정말 많다면 그렇지 않을 수도 있지만 재벌 2세, 3세들도 최고 경영자가 되면 반드시 하는 공부다. 하물며 작은 기업을 하는 리더라면 어떻게 해야 할지는 자명하다.

먼저 재무제표에 대해 살펴보자.

한국회계연구원에서 제정한 재무제표의 정의는 다음과 같다.

"재무제표는 기업 실체가 외부의 정보이용자에게 재무 정보를 전달하는 핵심적 수단으로서 일반적으로 대차대조표, 손익계산서, 자본변동표, 현금흐름표로 구성되며 주석을 포함한다. 주석에는 법률적 요구에 의해 작성하는 이익잉여금처분계산서 등이 포함될 수 있다. 재무제표의 명칭은 전달하고자 하는 정보의 성격을 충실히 나타내야 하며, 관련 법규와의 상충이 없는 경우에는 재무상태보고서, 경영성과보고서, 자본변동보고서(또는 소유주지분변동보고서), 현금흐름보고서 등 대체적인 명칭을 사용할 수 있다."

여기서 설명하고 있는 것처럼 재무제표는 기업의 자산/부채/자본/수익/비용/현금 흐름 등의 변동에 관한 정보를 제공한다. 또 이를 통해 기업 실체가 외부의 정보이용자에게 재무 정보를 전달해 주는 수단이다. 이러한 재무제표는 대차대조표, 손익계산서, 이익잉여금처분계산서(또는 결손금처리계산서), 자본변동표, 현금흐름표로 구성된다. 그리고 각 재무제표에 대한 설명인 주석을 포함하게 된다.

재무제표는 기본적으로 기업의 과거 실적을 표시해 주는 것이다. 그렇기 때문에 그 자체만으로는 기업의 미래가치를 예측하기 어렵다.

그렇다면 과거 정보를 표시하고 있는 재무제표는 미래 기업 가치의 예측에 전혀 쓸모가 없는 것일까? 그렇지 않다. 사람의 경우도 앞일을 예측할 때 '과거에는 내가 이랬으니까, 앞으로 이 정도는 될 거야'라고 생각하는 것처럼 모든 미래 예측은 과거 정보로부터 시작된다.

재무 예측도 마찬가지다. 모든 미래 재무 예측은 과거 실적(재무제표)에서부터 출발한다. 과거 재무제표를 통해 기업 매출액 추이, 이익률 추이 등을 분석하여 미래 실적을 추정하게 된다. 그리고 이 추정된 실적을 통해 기업의 가치를 예측하는 것이다.

상장 기업들의 재무제표를 보려면 '다트'(http://dart.fss.or.kr/)라는 사이트를 이용하면 된다. 실제 대기업들은 어떤 재무구조를 갖고 있는지를 살펴볼 수 있다.

해당 사이트의 기업 공시 시스템에서 찾고자 하는 회사명을 검색하면 각종 공시자료들을 확인할 수 있다. 그중에서 감사보고서를 선택하면 재무제표를 찾을 수 있다. 혹시 주식투자를 한다면 반드시 보아야 하는 사이트다.

기본적인 재무제표 양식은 뒤에서 따로 소개하겠다.

기업의 상태를 파악할 수 있는 대차대조표

재무제표 중에서 기업의 가장 기본적인 재무상태를 알 수 있는 대차대조표에 대해 기업회계기준서 제21호 재무제표의 작성과 표시에서는 대차대조표의 목적을 다음과 같이 설명해 놓았다.

"대차대조표는 일정 시점 현재 기업이 보유하고 있는 경제적 자원인 자산과 경제적 의무인 부채 그리고 자본에 대한 정보를 제공하는 재무보고서다. 이는 정보이용자들이 기업의 유동성, 재무적 탄력성, 수익성과 위험 등을 평가하는 데 유용한 정보를 제공한다."

대차대조표에 대해 잘 모르는 사람은 이 말이 좀 어려울 수도 있지만, 여기서 가장 먼저 이해하여야 할 용어는 자산, 부채 그리고 자본이다.

대차대조표에는 다음의 등식이 성립한다.

- 자산(자금의 운용) = 부채(타인 자본) + 자본(자기 자본)
- 자산 − 부채 = 자본(순자산)

자산이란 자금의 운용을, 부채와 자본은 자금 조달 내용을 나타내는 것이다. 따라서 조달된 자금(부채+자본)을 운영한 내용을 표시해 주는 것이 자산이므로 이 등식은 반드시 성립해야만 한다.

회계상 용어로 대차대조표 왼쪽에 표시되는 항목을 '차변'이라 하고, 오른쪽에 표시되는 항목을 '대변'이라 한다. 그래서 차변(자산) = 대변(부채+자본)의 등식은 반드시 성립하게 된다. 이를 '대차평균의 원리'라고 한다. 즉 대차대조표는 대변(부채+자본)과 차변(자산)을 대조해서 보여주는 표다.

자산이란 과거의 거래나 사건의 결과로부터 기업이 통제하거나 획득한 미래의 경제적 효익(Economic benefits)을 의미한다. 즉 자산은 미래의 경제적 효익을 제공할 수 있는 용역잠재력을 가진 자원으로 다음과 같은 특성이 있다.

첫째, 순현금의 유입을 증가시키거나 순현금의 유출을 방지함으로써 미래의 순현금 흐름을 창출하는 데 공헌할 수 있는 용역잠재력을 가지고 있어야 한다. 예를 들어 재고자산은 판매를 통해 순현금 유입을 증가시킨다. 그리고 기계장치는 이를 사용하여 생산된 제품의 판매를 통해 순현금 유입을 증가시키므로 자산으로 분류한다.

둘째, 특정 자원을 사용함으로써 효익을 얻을 수 있어야 한다. 더불어 다른 기업이 이러한 효익에 접근하는 것을 통제할 수 있어야 한다. 또 당연히 그 권리는 배타적 권리를 갖는다.

셋째, 재무제표에 보고하기 위해서는 계량화가 가능하여야 하므로 미래의 경제적 효익을 화폐단위로 측정할 수 있어야 한다.

넷째, 기업이 향유할 경제적 효익을 발생시키는 거래나 사건이 과거에 발생했어야 한다.

부채란 과거의 거래나 사건의 결과로 특정 실체가 미래에 다른 실체에게 자산을 이전하거나 용역을 제공해야 하는 현재 의무로부터 발생한다. 즉 미래의 경제적 효용의 희생을 의미한다. 이와 같은 부채는 다음과 같은 특성을 가지고 있다.

첫째, 미래에 다른 실체에게 자산을 이전하거나 용역을 제공함으로써 의무가 소멸될 것으로 기대되어야 한다. 더불어 이러한 의무가 현재 시점상에 존재하여야 한다.

둘째, 의무가 특정기업에 속하는 것이어야 한다.

셋째, 기업의 의무를 발생시킨 거래나 사건이 과거에 발생했어야 한다.

넷째, 부채 상환금액과 상환시기를 어느 정도 측정할 수 있어야 한다.

자본은 기업이 소유하고 있는 자산 총액에서 부채 총액을 차감한 잔액으로 측정된다. 즉 자본은 자산과 부채의 평가 결과에 따라 종속적으로 산출되는 잔존지분의 성격을 가지고 있다. 자본은 다음과 같은 특성을 가지고 있다.

첫째, 기업의 소유지분은 소유권으로부터 나타난다.

둘째, 소유지분은 기업의 소유주에 대한 분배의 원천이 되는 것으로, 분배는 현금배당 등 자산의 분배를 뜻한다.

셋째, 소유지분은 부채인 채권자 지분과 함께 기업의 자산에 대한 청구권을 나타낸다.

그렇다면 대차대조표에서 얻을 수 있는 정보는 무엇일까? 그것은 정보를 이용하는 사람에 따라 무궁무진하다. 다만 가장 일반적으로 다음과 같은 정보를 얻을 수 있다.

자산은 부채와 자본을 통해 조달한 자금 운용 내역을 나타내는 것이다. 즉 자산은 기업이 고유사업 또는 투자 목적으로 지출한 총 금액을 말한다. 이는 기업 전체의 경영규모를 파악할 수 있다. 일반적으로 자산 규모와 매출액 규모를 비교해서 총자산 운용의 효율성을 파악하게 된다.

대차대조표의 오른쪽은 자금 조달에 대해 나타낸다. 즉 대차대조표의 오른쪽을 보면 기업의 자금이 자기자본(자본)으로 조달된 것인지, 또는 타인자본(부채)으로 조달된 것인지를 파악할 수 있다. 모든 자금을 자기자본으로 조달하는 것을 반드시 좋다고만은 할 수 없다. 그렇지만 일반적으로 자기자본 비중이 높을수록 재무상태가 안정적이라고 할 수 있다.

대차대조표에 표시되는 자산은 다시 유동자산과 비유동자산으로 구분하고, 유동자산과 비유동자산은 정상영업주기 또는 1년 기준으로 구분한다. 1년 이내(또는 정상영업주기 내)에 현금화한 자산의 경우 유동자산으로 본다. 그리고 현금화하는 데 1년(또는 정상영업주기)이 초과될 것으로 예상되는 경우에는 비유동자산으로 구분한다. 유동자산이 많다는 것은 그만큼 회사가 단기간에 가용할 수 있는 현금성 자산이 많다는 것이다. 이는 유동자산 비중이 높을수록 재무상태가 안정적이라고 볼 수 있다.

부채의 경우에도 자산과 마찬가지로 1년 기준 또는 정상영업주기로 유동부채와 비유동부채로 구분한다. 그러나 자산의 경우와는 반대로 유동부채가 많을 경우에는 그만큼 단기간에 기업이 상환해야 할 부채가 많다는 것을 의미한다. 이런 경우는 재무상태가 안정적이지 않다고 할 수 있다.

기업이 영업활동을 하기 위해서는 기업의 사업 목적에 따른 설비자산이 필요하다. 제조업체의 경우에는 제품 제조공장이 있어야 하고, 유통업체라면 창고, 운반차량 등이 필요하다. 이와 같이 기업의 영업활동을 위한 설비자산은 대차대조표에서 유형자산으로 표시된다. 이를 통해 기업의 생산규모 등을 파악할 수 있다.

제조업을 하는 회사의 고유한 사업 목적은 제품을 제조해서 판매하는 것이다. 제조업체가 고유 사업 목적을 달성하기 위해 취득한 공장건물 및 기계장치 등은 대차대조표상 유형자산으로 표시된다. 그러나 제조업체가 제조와 무관하게 투자를 목적으로 취득한 부동산, 타 회사 주식 등은 대차대조표상 투자자산으로 구분하여 기재한다. 이와 같이 대차대조표를 통하여 본업과 무관한 자산 보유 현황을 파악할 수 있다.

사업을 하면 통상 1년 단위로 결산을 한다. 결산 때 세무 전문가의 도움을 받아 세금신고 등을 위하여 재무제표를 작성하면서 국세청에 납부하기 전에 제반 상황과 함께 해당 의미를 설명하고 의논할 것이다. 이때 재무상태표(대차대조표)를 보고 기업의 상태를 파악할 수 있어야 하지 않겠는가?

표준대차대조표
(일반법인용)

(단위:원)

사업자등록번호	110-81-39228	법인명	(주)허머니해운항공	2013 년 12 월 31 일현재
법인등록번호	110111-1553646			

■ 자산항목

계 정 과 목	코드	금　　　액	계 정 과 목	코드	금　　　액
Ⅰ.유동자산	01	932,850,739	4.장기대여금	40	
(1)당좌자산	02	932,850,739	①관계회사대여금	41	
1.현금 및 현금성자산	03	204,424,637	②주주.임원.종업원대여금	42	
2.단기예금	04	78,226,753	③기타	43	
3.유가증권	05		5.투자부동산	45	
4.매출채권	06	650,199,349	6.기타	49	
5.단기대여금	07		(2)유형자산	50	16,902,556
①주주.임원.관계회사	08		1.토지	51	
②기타	09		2.건물	52	
6.미수금	10		3.구축물	53	
①분양미수금	11		4.기계장치	54	
②공사미수금	12		5.선박.항공	55	
③기타	13				
	14				
			2.해외사업환산손익	63	
①관계회사			3.지분법자본변동	69	
②주주.임원.종업원	19		4.파생상품평가손익	70	
③기타	20		5.기타	71	
4.장기성 매입채무	21		Ⅵ.이익잉여금	50	89,539,301
5.퇴직급여충당부채	22	6,312,425	1.이익준비금	51	
6.단체퇴직급여충당부채	23		2.기업합리화적립금	52	
7.장기제품보증충당부채	13		3.재무구조개선적립금	53	
8.기타충당부채	24		4.「조세특례제한법」상 준비금	54	
9.제 준비금	25		5.기타임의적립금	55	
10.이연법인세부채	26		6.미처분이익잉여금 또는 미처리결손금	56	89,539,301
11.장기공사선수금	27		자 본 총 계(Ⅲ~Ⅷ)	65	389,539,301
12.기타	28				
부채총계(Ⅰ+Ⅱ)	29	576,463,986	부채와 자본총계	66	966,003,287

210㎜×297㎜(신문용지 54g/㎡(재활용품))

기업의 경영 성과를 알 수 있는
손익계산서

손익계산서란 기업의 경영 성과를 명확하게 보고하기 위하여 일정기간 동안에 일어난 거래나 사건을 통해 발생한 수익과 비용을 나타내는 보고서다.

기업회계기준서 제21호 재무제표의 작성과 표시에서는 손익계산서의 목적을 다음과 같이 설명해 놓았다.

"손익계산서는 일정 기간 동안 기업의 경영 성과에 대한 정보를 제공하는 재무보고서다. 손익계산서는 당해 회계기간의 경영 성과를 나타낼 뿐만 아니라 기업의 미래 현금 흐름과 수익 창출 능력 등의 예측에 유용한 정보를 제공한다."

모든 기업은 경영 성과에 따라 생긴 이익에 대하여 법인세를 납부하여야 한다. 기업이 납부할 법인세는 법인세법에서 규정하고 있다. 법인세법에서는 과세를 사업연도 단위로 하며, 그 사업연도는 1년을 초과

하지 못하도록 정하고 있다. 따라서 모든 기업은 1년 이내의 기간을 사업연도로 정해야 한다. 일부 금융업을 제외하면 대부분의 기업들은 1월 1일부터 12월 31일까지를 사업연도로 정하고 있다. 즉 손익계산서의 목적에서 말하고 있는 '일정 기간 동안 기업의 경영 성과'는 기업이 1년 동안 경영을 통해 벌어들인 성과다.

손익계산서는 수익과 수익을 획득하기 위해 지출된 비용을 대응시킴으로써 생성한다. 기업의 당기 경영활동에 대한 성과를 측정할 수 있을 뿐만 아니라, 정상적인 생산활동으로부터의 자기자본 총 증가/감소액과 영업활동에 부수되는 기타 활동으로부터의 총 증가/감소액 및 그 밖의 비경상적인 사유로부터 발생한 총 증가/감소액을 명확히 구분하고 표시한다. 그렇게 함으로써 기간 손익과 기간 경영 성과를 나타낼 수 있다.

이러한 손익계산서는 기업의 이익창출 능력에 관한 정보 및 미래 순이익 흐름을 예측하는 데 유용한 정보를 제공한다. 또한 기업 내부적으로 경영 계획이나 배당정책을 수립하는 데 중요한 자료로 이용된다. 그리고 이는 과세소득의 기초자료로 이용된다.

재무제표는 기간별 보고를 원칙으로 하기 때문에 발생주의 회계를 기본원칙으로 도입하고 있다. 그렇기에 모든 재무제표는 발생주의 원칙에 따라 작성하도록 하고 있다. 다만, 현금흐름표는 예외적으로 현금주의 원칙에 따라 작성하도록 하고 있다. 이러한 현금흐름표를 통해 기업의 현금 흐름에 대한 정보를 얻을 수 있다. 그리고 기업의 자금 동원 능력을 평가할 수 있는 자료가 된다.

재무제표 중 손익계산서를 보고 자기 기업의 손익 현황을 파악할 수 있어야 하지 않을까?

	2013년 01월 01일 부터 2013년 12월 31일 까지	표 준 손 익 계 산 서 (일반법인용)	법인명	(주)머니매운령공
			사업자등록번호	110-81-39228

(단위 : 원)

계 정 과 목	코드	금 액	계 정 과 목	코드	금 액
I.매출액	01	2,126,989,594	4.유가증권처분이익	41	
1.상품매출	02		5.유가증권평가이익	42	
2.제품매출	03		6.외환차익	43	
3.공사수입	04		7.외화환산이익	44	
4.운송수입	05		8.지분법이익	45	
5.부동산임대수입	06		9.장기투자증권손상차손환입	46	
6.분양수입	07		10.투자자산처분이익	47	
7.기타매출	08	2,126,989,594	11.유무형자산처분이익	48	
II.매출원가	09	1,749,851,966	12.사채상환이익	49	
(1)상품매출원가	10		13.법인세환급액	50	
1.기초재고액	11		14.충당금·준비금환입	51	
2.당기매입원가	12		15.전기오류수정이익	86	
3.기말재고액	13		16.자산수증이익	73	
4.타계정대체액	91		17.채무면제이익		
(2)제조·공사·임대·분양·운송원가	14	1,749,851,966	18.보험차익	75	
1.기초재고액	15		19.기타영업외수익	52	3,316,972
2.당기총원가(명세별첨)	16	1,749,851,966	가.잡이익	211	3,316,972
3.기말재고액	17		나.	212	
4.타계정대체액	18		다.	213	
III.매출총손익	19	377,137,628	라.기타	214	
IV.판매비와관리비	20	263,605,948	VII.영업외비용	53	23,525,194
1.급여	21	147,459,990	1.이자비용	54	22,471,925
2.퇴직급여(충당금전입액포함)	22		2.기타 대손상각비	55	
3.보험료	83	9,862,694	3.유가증권처분손실	56	
4.복리후생비	23	14,204,184	4.유가증권평가손실	57	
5.여비교통비	84	5,956,000	5.재고자산감모손실	58	
6.임차료	24	18,516,546	6.외환차손	59	160,541
7.접대비	25	8,051,390	7.외화환산손실	60	
8.감가상각비	26	8,827,177	8.지분법손실	61	
9.무형(이연)자산상각	27		9.장기투자증권손상차손	62	
10.세금과공과	28	7,458,950	10.투자자산처분손실	63	
11.광고선전비	29		11.유무형자산처분손실	64	892,728
12.차량유지비	85	8,314,520	12.기부금	65	
13.연구비	30		13.사채상환손실	66	
14.경상개발비	31		14.보상비(건설업)	67	
15.대손상각비(충당금전입액포함)	32		15.법인세추납액	68	
16.미분양주택관리비	33		16.준비금 등 전입액	69	
17.수주비	34		17.전기오류수정손실	87	
18.기타판매비와관리비	35	35,465,531	18.재해손실	78	
가.지급수수료	201	13,439,341	19.기타영업외비용	70	
나.통신비	202	10,373,447	가.	221	
다.소모품비	203	3,553,993	나.	222	
라.기타	204	8,098,750	다.	223	
V.영업손익	36	113,531,680	라.기타	224	
VI.영업외수익	37	3,361,864			
1.이자수익	38	44,892	VIII.법인세비용차감전 손익	80	93,368,350
2.배당금수익	39		IX.법인세비용	81	10,277,558
3.임대료	40		X.당기순손익	82	83,090,792

210㎜×297㎜(신문용지 54g/㎡(재활용품))

현금흐름표, 자본변동표,
이익잉여금처분계산서 읽는 법

이제 현금흐름표와 자본변동표 그리고 이익잉여금처분계산서에 대해 알아보자. 먼저 현금흐름표에 대한 설명이다.

"현금흐름표는 기업의 현금의 흐름을 나타내는 표다. 이 표는 현금의 변동 내용을 명확하게 보고하기 위하여 당해 회계기간에 속하는 현금의 유입과 유출 내용을 적정하게 표시하는 보고서다. 이러한 현금흐름표는 회계기간 말 현재 현금의 유동성 확보를 위한 기간 중의 거래별 내역을 알 수 있게 해 준다. 회계기간 말 현재의 기업의 자금 동원 능력을 평가할 수 있는 자료도 제공해 준다."

현금흐름표는 기업의 영업과 투자 및 재무활동에 의하여 발생되는 현금의 흐름에 관한 전반적인 정보를 상세하게 제공해 준다. 이는 손익계산서의 보조기능을 하며 동시에 기업의 자산과 부채 및 자본의 변동을 가져오는 현금 흐름 거래에 관한 정보를 제공해 준다. 이로써 대차대조표의 보조기능도 함께 한다고 할 수 있다.

이러한 현금흐름표는 이익의 질, 회사의 지급능력, 재무적 신축성을 평가하는 데 유용한 정보를 제공한다. 그러므로 경영자나 일반투자자의 의사 결정에 영향을 미치는 중요한 정보를 제공해 주는 것이다.

자본변동표는 기업의 재무상태표에 표시되어 있는 부분 중에서 특히 자본의 변화 내역을 구성요소별로 보여 주는 제표다.

'자본 = 자산 - 부채'이므로 주주에게는 특별히 관심이 가는 정보다. 그래서 자본이 전기(전년도 실적)와 당기(당해 연도 실적)를 비교하여 변화가 어떻게 이루어졌는지를 자세하게 보여 준다. 즉 자본을 구성하고 있는 자본금, 자본잉여금, 자본조정, 기타포괄손익누계액, 이익잉여금(또는 결손금)의 변동에 대한 포괄적인 정보를 알려 준다.

이익잉여금처분계산서는 당기순이익을 포함한 미처분이익잉여금을 어떻게 처분했는지를 보여 준다. 재무상태표에 표시된 이익잉여금은 당기 이익처분안이 반영되지 않은 것이다. 반영이 되는 시점은 주주총회에서 최종적으로 그 방안이 확정되면서 그 시점에 반영된다.

다만 작은 기업에서 이익잉여금처분계산서(또는 결손금처리계산서)와 자본변동표는 사장의 의견이 전적으로 반영되어 처리되는 경우가 많다. 따라서 이 부분은 개별적으로 회계사 혹은 세무사와 의논하여 확정하면 된다.

연결 현금흐름표

제 47 기 1분기 2014.01.01 부터 2014.03.31 까지
제 46 기 1분기 2013.01.01 부터 2013.03.31 까지
제 46 기 2013.01.01 부터 2013.12.31 까지
제 45 기 2012.01.01 부터 2012.12.31 까지

(단위 : 백만원)

	제 47 기 1분기	제 46 기 1분기	제 46 기	제 45 기
영업활동으로 인한 현금흐름	2,488,055	1,332,339	1,208,466	5,339,686
1. 영업으로부터 창출된 현금흐름	3,139,098	1,724,799	3,109,043	7,868,089
(1) 연결분기(당기)순이익	2,028,093	2,087,804	8,993,497	9,061,132
(2) 조정	2,075,236	1,984,299	7,332,779	7,118,536
(3) 영업활동으로 인한 자산부채의 변동	(964,231)	(2,347,304)	(13,217,233)	(8,311,579)
2. 이자의 수취	158,800	159,425	703,243	617,736
3. 이자의 지급	(326,204)	(345,652)	(1,444,092)	(1,680,401)
4. 배당금의 수취	14,996	10,101	787,804	744,132
5. 법인세의 지급	(498,637)	(216,334)	(1,941,532)	(2,229,870)
투자활동으로 인한 현금흐름	(2,082,758)	(1,862,143)	(6,620,732)	(7,199,133)
단기금융상품의 순증감	(80,841)	(614,285)	224,784	(1,900,099)
기타금융자산의 감소	11,553	141,631	71,683	446,109
기타채권의 감소	13,648	33,289	76,395	93,261
유형자산의 처분	144,614	221,436	306,477	69,230
무형자산의 처분	6,852	10,598	26,673	1,935
종속기업의 처분	151,499			
공동기업 및 관계기업투자의 처분			1,504	241,806
기타금융자산의 증가	(42,305)	(107,319)	(107,618)	(539,551)
기타채권의 증가	(19,462)	(41,228)	(96,776)	(97,098)
장기금융상품의 증가	(1,117,602)	(860,000)	(2,854,853)	(1,160,000)
유형자산의 취득	(918,096)	(472,820)	(3,171,093)	(3,000,038)
무형자산의 취득	(215,362)	(159,443)	(991,064)	(798,607)
종속기업의 취득				(290,969)
공동기업 및 관계기업투자의 취득	(13,023)	(19,561)	(131,088)	(275,104)
기타 투자활동으로 인한 현금유출입액	2,077	6,060	24,637	8,012
재무활동으로 인한 현금흐름	538,539	(184,943)	5,715,450	2,572,831
단기차입금의 순증감	(692,034)	(680,484)	(864,251)	(1,363,213)
장기차입금 및 사채의 차입	7,046,206	5,083,274	23,632,277	23,448,538
종속기업의 유상증자			476,493	277,476
종속기업의 추가취득			(175,275)	
장기차입금 및 사채의 상환	(5,804,261)	(4,581,864)	(16,669,654)	(18,890,467)
기타금융부채의 상환				(341,484)
배당금의 지급	(38)	(38)	(632,529)	(523,367)
기타 재무활동으로 인한 현금유출입액	(11,334)	(5,831)	(51,611)	(34,652)
환율변동효과 반영 전 현금및현금성자산의 순증가(감소)	943,836	(714,747)	303,184	713,384
현금및현금성자산에 대한 환율변동효과	(1,752)	66,045	(190,092)	(185,992)
기초현금및현금성자산	6,872,430	6,759,338	6,759,338	6,231,946
기말현금및현금성자산	7,814,514	6,110,636	6,872,430	6,759,338

자본변동표

제1기 2008년 1월 1일부터 2008년 12월 31일까지
제2기 2009년 1월 1일부터 2009년 12월 31일까지

회사명:　　　　　　　　　　　　　　　　　　　　　　　　(단위 : 1원)

구 분	자본금	자본잉여금	자본조정	기타포괄손익누계액	이익잉여금	총 계
2008.1.1.(보 고 금 액)	×××	×××	×××	×××	×××	×××
회계정책변경누적효과					(×××)	(×××)
전 기 오 류 수 정					(×××)	(×××)
수 정 후 이 익 잉 여 금					×××	×××
연 차 배 당					(×××)	(×××)
처 분 후 이 익 잉 여 금					×××	×××
중 간 배 당					(×××)	(×××)
유 상 증 자(감 자)	×××	×××				×××
당 기 순 이 익(손 실)					×××	×××
자 기 주 식 취 득			(×××)			(×××)
해 외 사 업 환 산 손 익				×××		×××
2008. 12. 31.	×××	×××	×××	×××	×××	×××
2009. 1. 1.(보고금액)	×××	×××	×××	×××	×××	×××
회계정책변경누적효과					(×××)	(×××)
전 기 오 류 수 정					(×××)	(×××)
수 정 후 이 익 잉 여 금					×××	×××
연 차 배 당					(×××)	(×××)
처 분 후 이 익 잉 여 금					×××	×××
중 간 배 당					(×××)	(×××)
유 상 증 자(감 자)	×××	×××				×××
당 기 순 이 익(손 실)					×××	×××
자 기 주 식 취 득			(×××)			(×××)
매 도 가 능 증 권 평 가 손 익				×××		×××
2009. 12. 31	×××	×××	×××	×××	×××	×××

이익잉여금처분(결손금처리)계산서

(단위 : 원)

법 인 명	(주)파어니베문항공	사업자등록번호	110-81-39228
사 업 연 도	2013.01.01 ~ 2013.12.31	처분(처리)확정일	2013년 ... 28

1. 이익잉여금처분계산서			2. 결손금처리계산서		
과 목	코드	금 액	과 목	코드	금 액
I.미처분이익잉여금		89,539,301	**I.미처리결손금**	30	
1. 전기이월...이익잉여금 (또는 ...이월이리결손금)	02	6,448,50...		31	
... 회계정책변경의누적효과	03				
5. ...여처분...	26				
6. ...확장적립금	18				
7. ...적립금	19				
8. 그 ...의 적립금	20				
9. ...적립금, 상 ...여금 적립액	27				
10. 그 박의 잉여금처분액	28				
IV.차기이월이처분이익잉여금	25	89,539,301			

210mm×297mm (신문용지 54g/㎡(재활용품))

견 본 양식
양식 만을 참조하십시오.

작은 기업은 은행을
너무 가까이해도
너무 멀리해도 안 된다

기업을 하면서 금융과의 관계를 어떻게 설정하면 좋을지 각자 나름의 원칙은 갖고 있어야 한다.

나는 그 원칙을 불가근 불가원(不可近 不可遠)이라는 말로 대신하고자한다. 너무 가까이할 수도 없고 그렇다고 멀리할 수도 없다는 뜻이다.

'고슴도치 딜레마(Hedgehog Dilemma)'라는 것이 있다. 독일 철학자 쇼펜하우어의 우화 속에 나온다.

고슴도치들은 날이 추워지면 서로 체온을 주고받기 위해 가까이 다가가는데 가시가 서로를 찌른다. 가까이할 수도 멀리할 수도 없다. 그들은 서로 가시에 찔려 화들짝 놀라며 멀리 떨어진다. 그러면서도 추위를 느끼고 가까이 다가가지만 이내 서로 가시에 찔려 다시금 멀어진다.

그들은 추위와 아픔 사이를 오락가락한다. 그러다가 마침내 서로 적절한 거리를 유지하게 된다. 결국 고슴도치는 서로를 찌르는 상황은 피하면서도 체온을 유지하는 절묘한 거리를 유지하게 되는 것이다.

상처입지 않을 만한 가까운 관계를 유지하게 된다는 내용이다. 결국 고슴도치들은 몇 번의 시행착오를 통해 '적절한 거리'를 찾는다. 그리고 그것을 유지하려고 노력한다는 것을 알 수 있다.

우리가 사업을 하면서 금융과의 관계를 설정할 때도 '적절한 거리'를 유지하는 것이 얼마나 중요한가를 알려 준다. 흔히 기업과 정치, 기자와 취재원 등의 관계에서도 이 말을 사용하는데, 나는 작은 기업과 금융과의 관계를 표현하는 말이라고 생각한다.

작은 기업이 국민경제의 중추적 역할을 수행하려면 기본적으로 뒷받침되어야 할 것이 바로 금융이다. 우리는 흔히 은행대출을 통해 필요한 자금을 조달해 왔다. 그 결과 작은 기업의 간접금융 의존도는 매우 높아졌다. 이와 같은 추세는 특히 외환위기 이후 상당히 빠른 속도로 정착되었다.

그 이유는 금융권들도 재무건전성과 수익성을 높이기 위한 방안을 강구한다. 즉 대출을 회수하거나 대출금리를 조정하게 되는 것이다. 이럴 경우 가장 먼저 영향을 받는 것은 작은 기업들이며, 자금 조달에 어려움을 겪게 된다.

그래서 금융과의 관계는 '불가근 불가원'이어야 한다고 주장하고 싶다. 만약 금융권이나 기업 쪽이나 어느 한쪽이 너무 가까이하면, 고무줄의 예를 보면 느슨해지듯 관계에 적신호를 품고 있으므로 작은 기업은 주의를 기울여야 한다. 약간 거리를 유지하는 자세를 취하여야만 적정한 관계를 유지할 수 있다.

반대로 한쪽이 너무 멀리해 고무줄이 끊어지는 상황이 올 수도 있다.

이 또한 관계의 적신호다. 금융권에 가까이 다가감으로써 자금 조달 등 안정성을 확보할 수 있는 것이다.

만약 이러한 노력이 없다면 관계는 깨지고, 작은 기업은 무너질 수밖에 없다. 결국은 끊임없이 체크하고 콘트롤할 수 있는 범위 내에서 유지해야 한다. 효율적인 활용과 운영을 통하여 과하지도 않고 모자라지도 않는 적정선을 찾아야 하는 것이다. 즉 '불가근불가원'이다.

'아나가리카 고빈다' 라는 티벳 고승은 "산(山)의 위대함은 거리를 두어야 보인다. 산의 모습은 직접 돌아보아야 알 수 있다"고 말했다. 이 말의 의미는 멀리서 볼 경우 아름다움을 볼 수 있다. 그렇지만 가까이 다가가 산을 직접 보게 된다면 실망할 수도 있다는 뜻이다. 풍광도 그렇고, 사람의 마음도 그렇고, 감동적인 일 또한 그렇다.

기업과 금융의 관계도 마찬가지다. 가까이 가서 두루 활용하면 좋다. 그러나 멀리서 볼 때에는 금융권의 횡포로부터 자유를 얻을 수 있음을 알아두는 것이 좋다.

수익을 잘 내는 상황에서는 나도 모르게 금융권에게 돈을 벌어 주는 기계가 되는 처지에 놓이게 되지 않았으면 좋겠다. 또 수익이 악화될 때 알게 모르게 금융권에게 우산을 빼앗기는 일을 당하지 않았으면 좋겠다. 특히 열심히 일하고 얻은 당신의 과실을 금융권의 배만 부르게 해 주어서는 안 되기 때문이다.

사업하는 사람이
알아야 할 돈 관리법

'황금 보기를 돌같이 하라'는 견금지석(見金如石)은 조선 전기 학자인 성현의 수필집 《용재총화》에 나오는 말이다.

최영 장군이 어렸을 때 그의 아버지는 항상 그에게 훈계하기를 "황금 보기를 돌같이 하라"고 하였다. 고려 명장이자 충신인 최영은 아버지의 말을 잊지 않으려고 비단천에 '견금여석'이라고 새겨 늘 몸에 지니고 다녔다고 한다.

최영 장군은 홍건적과 왜구 등을 물리치고 높은 지위에 오른 뒤에도 아버지의 가르침에 따라 남의 재물을 탐내지 않았으며, 일반 백성들의 살림살이와 마찬가지로 겨우 생활하는 정도였다. 지나친 욕심을 절제하는 검소한 생활로 재물을 멀리하고 의리를 앞세웠던 것이다.

이 고사성어의 의미를 작은 기업의 리더들에게 상기시켜 주고 싶다. 돈에 휘둘리지 않고 어떻게 꿈을 이루고 행복을 가꿔 나갈지 알려 줄 것이다.

작은 정보지만 쉽게 돈 관리 잘하는 방법을 정리해 보자.

지출을 관리하는 것이 말처럼 쉽지만은 않다. 다만, 그 어려움을 덜기 위한 방법을 몇 가지 제안하겠다.

우선 기록이다. 사업을 하는 동안에는 늘 수입과 그 수입이 생긴 날짜를 기록한다. 그리고 지출이 일어난 부분도 기록하여야 한다. 매월 말에 수입과 지출이 각각 얼마나 되는지 반드시 검토하여야 한다.

다음은 예산을 세우는 습관을 가져야 한다. 한 달 동안 예상되는 모든 수입을 기입한다. 예상 지출란에는 매월 검토하는 자료를 통하여 어디에 얼마를 지출하게 될지도 계획하여야 한다. 또한 실제 지출란에는 예상 지출란에 기록한 각 항목에 실제로 얼마를 지출했는지 기록하고 비교해 본다. 그 비교를 통하여 예산과 다른 지출 내역을 모두 체크해야 한다.

그런 다음 습관을 바꾸어야 한다. 어떤 항목에 대한 지출이 예상보다 많아 수지가 악화된다면 지출 방식을 바꾸어야 한다. 자금 관리는 정말 중요하다. 어떤 종류의 사업이라도 효율적인 관리는 반드시 필요하다. 돈을 벌고 관리하는 것은 사업에 있어서 모든 것이다. 그러나 균형감을 잃는 관리는 바람직하지 않다.

사람들은 저마다 자신에게 어울리는 옷이 있다. 그리고 시대에 따라 유행하는 옷도 다르다. 우리가 관리해야 할 자금도 역시 마찬가지다. 자신에게 알맞은 자금 관리가 이루어져야 안정적인 사업을 할 수 있는 것이다.

미국 최고의 금융전문가인 데이브 램지의 돈 관리 비법에 나의 경험을 보태어 소개하겠다.

첫째, 별도의 비밀계좌로 비상금을 마련하라. 예측하지 못한 비상시에만 쓸 수 있는 형태로 운영할 자금이다. 규모는 각자 알아서 설정하면 된다.

둘째, 작은 금액의 부채부터 상환해 나간다. 부채 상환은 되도록 빠른 시일 내에 해결하여야 한다. 그래야 부를 축적하고, 자금 걱정 없는 사업 구조를 끌고 갈 수 있다.

셋째, 사업상의 비상사태를 대비해 비상자금을 준비해 두어야 한다. 눈 딱 감고 반드시 해야 할 부분이다. 조금 무리가 되더라도 정기적금 같은 것을 활용하면 된다.

자금은 사업에 있어 우리 몸을 관통하는 혈액과 같은 것이므로 잊지 말고 실행에 옮겨야 한다.

우리가 살아가면서

이국섭

보아도 다함이 없고
주어도 아깝지 않고
받아도 넘침이 없는

그런 마음으로
서로 나누고 베풀면
얼마나 좋을까

햇살 고운 아침
자연의 아름다움은
채우고 베풀고 나눠도
있는 그대로 순수하다

바람결에 묻어 온
청명한 아침

우정

이국섭

우정이란 무엇일까?
흐르는 물도 구름도
바람도 아니다

친구들 사이
서로 마음으로
흐르는 따뜻한 정이다

정이 없다면
삭막하고 슬픈 삶

서로 마음과
마음으로 담아 본
오늘 하루

부록

사업 아이템 선정과
사업계획서 작성하기

사업을 하면서 무수히 많은 선택의 기로에 서게 된다. 그중 가장 먼저 맞닥뜨리게 되는 고민은 어떤 업종과 아이템을 선택할 것인가이다. 업종 선택은 사업의 성패를 결정짓는 매우 중요한 요인이다.

고객의 수요가 얼마나 될까? 내가 선택한 업종이 혹은 아이템이 현재 시장 상황에 맞는 것일까? 정부의 정책 방향은 어떤 것일까? 여러 가지 요인에 따라 성공의 지름길을 발견할 수도 있다. 그러나 실패의 나락도 멀리 있는 것은 아니다.

물론 아이템이 좋다고 반드시 성공하는 것은 아니다. 하지만 시작부터 잘못 되었다면 성공 가능성은 현저히 낮아질 수밖에 없다. 따라서 업종 혹은 아이템을 선택할 때 다음 사항을 고려한다면 조금 더 확률을 높일 수 있을 것이다.

당연한 얘기처럼 들릴 수 있겠지만, 많은 예비 창업자들이 주변 이야기에 휘둘리다 정작 중요한 것을 놓치기 쉽다. 바로 본인의 흥미와

적성이다. 사업은 생각보다 훨씬 힘들고 험난한 부분이 있다. 아무리 좋아하는 일을 한다고 해도 쉽게 지친다. 초심을 잃지 않고 끝까지 동력을 유지하려면 좋아하는 분야를 선택하는 것이 가장 좋다. 특히 평소에 관심 있는 분야나 취미생활 등을 확장하여 업종과 아이템을 선정하는 것이 좋다. 그래야 주변 인맥이나 경험을 활용할 수 있고 성취감이나 보람을 얻기도 수월하다.

현재 트렌드를 읽고 그에 맞는 사업을 선택하는 것이 반드시 필요하다. 그러나 트렌드에 노출된 업종은 그만큼 경쟁자가 많다는 것을 잊어서는 안 된다. 트렌드란 본질적으로 빠르고 지속적인 순환이 이루어진다는 속성을 갖고 있다. 어떤 트렌드를 당신이 피부로 느끼고 창업을 진행할 즈음이면 이미 그 사업은 트렌드와는 무관한 업종이 될 수도 있다. 만약 누군가에게 요즘 잘 되는 업종이라며 아이템을 추천받았다면 해당 사업에 대해 면밀히 검토해 봐야 한다. 갑자기 붐을 일으킨 업종이라면 한순간에 거품이 꺼질 수도 있다.

결국 관건은 사업 아이템이 얼마나 지속성을 갖고 장기적으로 종사할 수 있는 분야인가를 보아야 한다. 안정적으로 사업을 해 나갈 수 있는 충분한 시장조사와 환경분석을 통하여 사업을 검토해야 한다. 즉 다양하게 점검한 다음 선택하는 것이 좋다.

이렇게 선택한 사업을 시작하기 전에 반드시 점검해야 할 부분은 스스로 진짜 기업가 정신이 있는가를 살펴야 한다. "어떤 마음가짐을 가지고 사업을 시작해야 하는가?"에 대한 답변을 확고하게 지녀야만 하는 것이다. 많은 경험자들의 얘기를 듣고 시장조사를 통해 경쟁의 어려움도 감안하여야 한다. 이 모든 것은 누구도 해결해 줄 수 없는 부분이다.

이렇게 기업가 정신을 스스로 구축하였다면 다음은 사업을 어떻게 시작할 것인가를 고민해야 한다.

- 자금 조달은 어떤 방식으로 할 것인가?
- 어떤 사람들과 함께 일할 것인가?
- 어떤 관계를 구축하여 보다 안정적이고 효과적인 이익을 확보할 것인가?

이러한 고민 속에는 반드시 자신이 시도하려는 사업을 객관적으로 바라보고 올바른 방향 설정이 이루어지고 있는지를 체크해야 한다. 과학적인 데이터를 근거로 다양한 변수까지 감안하여 나름의 해결 방법을 갖고 접근해야 하는 것이다.

이렇게 고민한 결과를 토대로 사업계획서를 작성하면서 다음 항목들을 점검하여야 한다.

- 먼저 회사의 목적(Company purpose)을 명확하게 정의하여야 한다.
- 풀어나가야 하는 문제(Problem)는 무엇인가를 정해야 한다. 가장 중요한 부분이다. 큰 문제를 해결할수록 큰 가치(수익)를 만들 수 있기 때문이다.
- 해결방법(Solution)을 정립하여야 한다. 해결 방안 중 창업 시점이 왜 지금인지(Why now)도 역시 중요한 문제다. 사업은 반드시 시기가 맞아야 꽃을 피울 수 있다. '배달의 민족' 같은 모바일 배달 정보 제공 사업을 스마트폰이 대중화되기 전인 2000년대 초중반에 시작

했다면 성공할 수 있었을까?

- 시장의 크기(Market size)를 예측해야 한다. 투자는 사업에 있어서 가장 합리적인 의사 결정이 필요한 부분이다. 스스로 목표로 잡은 규모인지를 판단하여야 그에 맞는 투자 규모를 정할 수 있기에 그렇다. 전체 시장의 규모, 그중에서 나의 영역에 해당하는 시장 규모를 분석해야 한다. 또 앞으로 사업이 확장될 수 있는 시장 규모 등도 예측해 봐야 한다. 이는 단기적인 목표와 장기적인 목표 수립을 위하여 필요하다.

이렇게 구체화된 시장에 대한 분석을 통하여 경쟁 환경과 경쟁에서의 우위 요소에 대한 강점, 약점 등을 알고 있어야 한다. 왜 우리가 이 사업을 가장 잘할 수 있는지 설명할 수 있어야만 한다. 어떤 형태로든 경쟁자는 반드시 존재한다. 그들보다 우리가 더 잘할 수 있는 강력한 무엇인가가 있어야 성공에 이를 수 있다. 이후에는 마케팅 4P 부분을 고민하면서 사업 모델에 대한 구체적인 프로세스를 구축하여야 한다. 또 이러한 추진이 가능한 재무계획도 고려해야 한다.

이제 선정된 사업 아이템을 구체화하는 방안을 고민해 보자.

경영학자 피터 드러커는 "어떤 현상을 숫자로 표현하지 못하는 것은 문제를 정확히 알지 못한다는 것이다. 정확히 모른다는 것은 관리할 수 없다는 것이다. 관리할 수 없다는 것은 현재의 상태를 개선할 수 없다"고 말했다. 다이어트를 할 때도 현재 상황을 알고 있어야 제대로 할 수 있다.

- 사업계획서는 창업자에게 회사의 사업 방향에 대한 기준을 잡아 준다. 사업이라는 기계를 설계한다고 하면 사업계획서는 설계도 다. 빠르게 성장하려면 설계가 잘 잡혀 있어야 한다.
- 사업계획서는 내부 구성원에게 회사가 어떤 일을 하고 있는가에 대한 공감대를 제공한다.
- 사업계획서는 투자자와 협력사가 우리 회사와 함께 했을 때의 이 익에 대해 설명하고 설득하는 도구다.

일반적으로 사업계획서는 계속 문서화하고 업데이트하는 것이 좋다. 이때 사업 목표가 명확하지 않으면 실행할 수도 없고 주위의 조력을 구할 수도 없다.

그럼 어떤 방식으로 작성해야 좋은 설계도가 되는지 살펴보자.

사업계획서 작성은 주관적인 의견을 배제하고 객관성을 유지하는 것이 기본이다. 사업계획서를 작성하는 목적은 투자 유치 혹은 향후 사업 진행의 청사진을 그려보는 것이다. 그 데이터가 객관적이지 않다면 투자자를 설득할 수 있는 가능성이 낮아진다. 물론 사업 성공 가능성도 낮아질 수밖에 없다.

사업계획서 작성법에서 객관성을 보장받기 위해서는 정부기관 및 전문기관 데이터를 바탕으로 작성해야 한다. 특히 자금 운용에 있어서는 전문가의 자문을 구하는 것이 좋다. 특히 최근에는 정부3.0으로 인해 공개된 데이터가 많기 때문에 인터넷만으로 충분한 자료를 얻을 수 있다. 이렇게 수집한 객관적인 자료는 문항당 통일된 편집방식을 활용하여 일관성 있게 정리해야 한다.

사업계획서 작성은 바로 대표(혹은 창업자)와 구성원들의 역량과 회사가 가지고 있는 경쟁력을 나타내는 것이다. 그런 이유로 이미 기존 시장에서 사업을 영위하고 있더라도 시장을 선점한 경쟁자들을 물리칠 수 있는 경쟁력을 보여 주어야 한다. 그래야 회사의 강점과 차별 요인을 드러내는 것이다. 이외에도 구성원 개개인이 어떤 역량을 가지고 있고 이것이 전체적으로 어떤 조화를 이루고 있는지 사업계획서에 들어 있어야 한다. 이 역시 긍정적인 사업 결과를 달성하는 데 크게 도움을 줄 것이다.

또한 사업계획서에는 한눈에 내용을 이해할 수 있도록 핵심 내용이 강조되어야 한다. 해당 비즈니스 분야에 생소한 사람이라도 사업계획서만으로 사업 내용을 파악할 수 있도록 명확해야 한다. 특히 기술이 사업의 주된 경쟁력이라면 회사가 내세우는 신기술을 단순히 텍스트로 설명하기보다는 기술타당성을 입증하는 증빙자료를 첨부하는 것이 좋다. 혹은 실험 결과를 차트/다이어그램/표 등으로 제시하는 것이 보다 핵심 내용을 강조한 사업계획서가 될 것이다. 이처럼 이미지와 인포그래픽 같은 시각적인 자료를 활용하는 것이 필요하다. 이는 작성자에게도 사업 프로세스를 정리하는 데 도움을 준다. 뿐만 아니라 향후 홈페이지 혹은 팸플릿 등 추가자료를 작성할 때 유용하다.

사업 아이템에 따라 단기 수익을 낼 수 있는 경우도 있다. 하지만 회사의 지속 가능한 성장과 참여자들을 설득하기 위해서는 장기적 안목에서 성장 가능성을 제시한 사업계획서가 되어야 한다. 과거 및 현재의 시장 현황 분석을 통해 다가올 미래의 시장 변화를 예측해야 한다. 그리고 이에 대응하는 사업계획서를 작성한다면 보다 신뢰감을 줄 수 있다.

이러한 성장 가능성이 포함된 사업계획서를 만들려면 회사의 인적/물적 자원에 대한 분석이 선행되어야 한다.

다음으로 주력 상품/서비스의 강점과 약점 그리고 고객에 대한 라이프 스타일 등을 종합적으로 살펴봐야 한다. 그런 것들이 성장 가능성을 점쳐볼 수 있는 부분이다. 물론 사업계획서 속 성장 가능성이 기업의 비전과 일치한다면 구성원뿐만 아니라 사업 네트워크로 구축되는 조력자들도 매력적으로 느낄 것이다.

어떤 사업이든 리스크는 존재한다. 신뢰도가 높은 사업계획서일수록 이러한 위험 요인을 명확하게 분석하여 극복 방안을 제시할 수 있어야 한다.

최근에는 정부 차원에서 1인창업/벤처기업을 지원하는 제도 및 정부기관이 많다. 그런 이유로 미리 사업의 위험 요인을 깨닫고 이러한 제도적 도움을 받을 준비를 하는 것도 사업계획서의 중요한 역할이다. 물론 비즈니스 위험 요인에 대한 분석 역시 객관적인 자료에 의해 도출된 결과여야 한다는 점은 명심하여야 한다.

사업 자금을 조달할 수 있는
다양한 방법

《손자병법》에 지피지기 백전불태(知彼知己 百戰不殆)라는 말이 있다. '적을 알고 나를 알면 백 번 싸워도 위태롭지 않다'는 뜻이다. 많은 사람들이 '지피지기 백전백승'이라고 알고 있는데, 의미가 비슷한 듯하지만 사실은 전혀 다르다. '불태'는 위태롭지 않다는 것이고, 위태롭지 않다는 것은 큰 약점이 없기에 쉽게 패하지 않는다는 뜻이다. 이는 안정적이고 단단하다는 것이다.

작은 기업의 리더들은 사업의 안정적인 경영을 위해 '지피지기'가 반드시 필요하다. 특히 자금 조달인 금융과의 거래에서 말이다. 이에 대한 중요함은 백번천번 강조해도 모자를 것이다. 중요함을 인식하지 못하고 있다면 비록 여기서뿐 아니라 다른 기회를 봐서라도 꼭 자세히 알아야 한다.

작은 기업에서 '지피'의 대표적인 것은 '금융에 대한 이해, 자금에 대한 이해'를 들 수 있다. '금융과 자금에 대한 이해'란 명확히 알면 알수록 '금융과의 관계 설정, 자금 조달 전략'을 구체적으로 세울 수 있다.

우리나라 중소기업 정책금융 현황 및 전개 방향을 한국금융연구원 〈중소기업 금융의 이해〉라는 논문을 통하여 살펴보면 많은 도움이 될 것이다. 자세한 내용은 다음의 사이트를 참조하길 바란다.

http://www.kif.re.kr/KMFileDir/128711027178722500_nfr0804.pdf

다음으로 벤처캐피털(VC), 정부지원자금, 크라우드펀딩(Crowd-funding) 등을 통한 자금 조달 방법에 대해 알아보자. 각 방법마다 장단점이 있는 만큼 기업별 상황에 맞게 적절한 조달 방법을 결정하는 것이 중요하다. 세 가지 방법론 모두 충분한 사전 준비와 시간적 여유를 가지고 진행될 때 더 좋은 성과를 기대할 수 있다. 따라서 기업 차원에서 재무 추정과 자금 상황을 현실적으로 판단해야 하며, 추가 자금 조달을 준비해야 하는 골든타임을 놓치지 않도록 해야 한다. 스타트업의 성장, 경영 과정에서 자금에 대한 니즈는 언제나 존재할 수밖에 없다.

먼저 살펴볼 방법은 크라우드펀딩이다. 크라우드펀딩은 소셜 네트워크 서비스를 이용해 소규모 후원을 받거나 투자 등의 목적으로 인터넷 플랫폼을 통해 다수의 개인들로부터 자금을 모으는 행위다. 주로 자선 활동, 이벤트 개최, 상품 개발 등을 목적으로 자금을 모집한다. 투자방식 및 목적에 따라 지분투자, 대출, 보상, 후원 등으로 분류할 수 있다.

실제로 해외 대표 맥주회사인 브루독(기업가치 약 2조1,746억 원)의 경우 9만 명이 넘는 주주를 모집했다. 그들에게는 특별한 주주 혜택을 제공하면서 자금을 조달했다. 동시에 그들을 통하여 마케팅 효과도 함께 얻었다. 국내에서는 세븐브로이맥주회사가 20억 정도 투자 유치에 성공

국내 스타트업/중소기업 자금 조달 비중

간접금융			직접금융	기타
은행	비은행	정책자금	주식, 채권	사내자금
90.6%	1.3%	1.0%	1.0%	6.7%

독일 스타트업/중소기업 자금 조달 비중

간접금융(은행 등)	직접금융(투자 유치 등)
48%	52%

투자형 크라우드펀딩은
기존 소액공모제도를 개선한
편리하고 쉬운,
중소기업의 직접 자금 조달 수단이다.

출처 : 대한상공회의소 국내 중소기업 자금 조달 개선방안

한 사례가 있다. 그러나 쉽지는 않다. 투자 유치를 위한 홍보를 기업 주도로 진행해야 하기 때문이다. 실제 펀딩에 성공하려면 기획단계부터 철저히 준비해야 한다. 크라우드펀딩을 도와주는 플랫폼을 이용하거나 창업지원 사업 등으로 해당 정보를 확인할 수 있으니 참조하기 바란다.

소액 투자자 → 온라인 포털(중개업자) → 창의적 기업

출처 : 한국예탁결제원

다음은 정책자금에 대한 방법이다.

정부정책자금은 정책적 필요에 따라 중앙부처와 각 지방자치단체 등에서 집행한다. 기술력과 미래가치를 가졌지만 자본이 부족한 중소기업에 융자 혹은 지원이라는 방식으로 집행되는 자금이다. 하지만 그 종류가 매우 많고 기업에 다양한 혜택을 제공하고 있기에 잘 살펴보아야한다. 대표적인 정부정책자금 기관은 중소기업진흥공단, 신용보증기금, 기술보증기금 등이 있는데, 중소기업진흥공단에서는 정부정책자금을 지원한다.

그러나 정부의 정책자금이지만 어떤 사업이 적합하고, 지원을 하는 사업이라면 어떤 방법으로 어떤 절차를 거쳐야 하는지 잘 알지 못한다. 특히 고용창출, 수출, 시설투자 부분을 우선적으로 지원하고 있어 그 요건을 충족하기가 쉽지 않다. 또 중소기업진흥공단의 정책자금 종류도 세분화되어 있으니 유의해야 한다. 그 가운데 중소기업 운전자금은 원재료 구매, 생산, 판매, 활동 등 기업 운영에 소요되는 자금을 말한다. 지원 대상 정부정책자금의 종류는 기업일반자금대출, 중소기업자금대출등이 있다. 자금의 한도는 기업의 등급에 따라 다르다.

중소기업 시설자금은 사업 확장 및 신설 등을 위해 사업용 공장의 고정적인 기계설비에 소요되는 자금이다. 이러한 중소기업 창업자금은 창업 6개월 전이나 창업 후 3~7년까지 기업이 성장할 수 있도록 지원해준다. 창업을 하고자 하는 모든 기업에 지원 가능하다. 기업 상황에 따라 연간 최대 30억 원까지 지원해 주는데 금리가 낮은 정부정책자금이기 때문에 쉽게 받을 수 있는 건 아니다. 또 많은 중소기업이 해마다 신청하므로 경쟁이 심하다.

이 중에서 개인적으로 추천하고 싶은 융자자금은 중소기업진흥공단 직접 대출 신용제도다. 중소기업청에서 은행을 통해 하는 것이 아니고 직접 대출해 준다. 이 자금이 좋은 이유는 두 가지다. 첫째, 신용으로 최대 5억 원까지 대출이 가능하다. 둘째, 금융권에 대출 정보가 뜨지 않는다는 것이다. 잘 활용한다면 많은 도움이 될 것이다.

일반적인 정책자금 지원절차는 다음 절차를 따른다.

정책자금 중 융자대출 형태를 띠는 정책자금은 신용보증기금과 기술보증기금은 일반대출과는 조금 다르다. 이들은 대출이 필요한 기업의

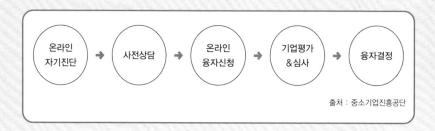

출처 : 중소기업진흥공단

보증을 직접 해 주는 역할을 한다. 각 기관이 신용도 심사와 기술평가를 진행한다. 이를 통해 선정된 기업이 금융회사로부터 대출을 받을 수 있도록 하는 제도다.

한편 기술보증기금에서는 '보증연계투자' 지원을 통해 직접 투자를 진행하기도 한다. 각 기관의 보증을 이용 중이거나 투자와 보증을 동시에 신청한 기업을 대상으로 한다. 자금 규모는 최대 30억 원 한도에서 지원하고 있다. 보다 자세한 사항은 각 기관 홈페이지에서 확인할 수 있다.

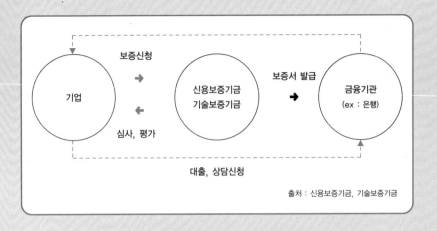

보증신청

기업

심사, 평가

신용보증기금
기술보증기금

보증서 발급

금융기관
(ex : 은행)

대출, 상담신청

출처 : 신용보증기금, 기술보증기금

정부정책자금의 경우 사업 신청 단계부터 사후 결과 보고서 작성까지 상당한 노력이 필요하다. 정책 지원이 되는 사업에 응모 후 탈락하는 경우도 많다. 그렇기 때문에 정부정책 지원사업은 일회성이 많아 단발성 투자로 활용하는 것이 현명하다.

다음은 벤처캐피털(VC) 투자 유치에 대해 알아보자.

벤처캐피털이란 잠재력이 있는 벤처기업, 중소 스타트업에 투자하고 지원하면서 높은 수익을 추구하는 회사를 말한다. 일반 금융기관은 담보를 확보하고 융자를 해서 일정 이자율을 벌게 된다. 그러나 벤처캐피털은 무담보 주식투자 형태로 현금을 투자해 회사 주식을 사들이고, 나중에 회사 가치가 올랐을 때 해당 주식을 판매해 이익을 얻는다. 프로젝트 파이낸싱(PF) 방식의 경우 프로젝트에 투자해 나중에 프로젝트의 수익이 발생했을 때 미리 약정한 수익률만큼 분배받기도 한다.

스타트업이 투자형 크라우드펀딩과 함께 가장 먼저 떠올리기 쉬운 민간 자금 조달 창구다. 우리나라에는 130여 개 창업투자회사(이하 창투사)가 있다. 이외에도 신기술사업금융회사, LLC형, VC 등이 있다. 현실적으로 스타트업들의 고민은 이 많은 VC 중에서 '어떤 VC에게 투자를 받을 수 있을까?' 하는 것이다. 그 고민에 대한 해결책은 VC가 운영되는 구조를 통해 해답을 얻을 수 있다. VC는 모태펀드(정부, 민간기관)에서 투자금을 받아 투자하는 방식이다. 이때 모태펀드가 어떤 기업에 투자해야 할지 가이드라인을 제시하게 되어 있다.

따라서 각 스타트업들이 해당되는 분야와 관련된 펀드, 이와 연계된 VC를 파악하는 것이 효율적이다. 예를 들면 콘텐츠 관련 스타트업이라면 출자 분야가 '콘텐츠 기업 육성'에 해당하는 운용사를 중심으로 도전하는 것이다. VC 소속 투자심사역들과 상담을 시작으로 본격적인 투자과정이 진행된다. 개별 기업마다 진행 상황이 다르지만, 투자심사역의 검토부터 최종 투자금 납입까지는 보통 3~6개월이 소요되므로 자금의 용도에 따른 일정도 감안하여 진행하여야 한다.

창업할 때
어떤 행정절차를 밟아야 할까?

1) 법인사업자

법인기업은 주주를 통해 자금을 조달하므로 대자본 형성이 가능하다. 물론 1인 주주의 경우에는 대자본을 형성하기 어려우나 향후 투자절차를 통해 대자본을 형성할 수 있다. 법인은 주주와 별개로 독자적인 경제주체다. 따라서 일단 자본금으로 들어간 돈과 기업경영에서 발생한 이익은 적법한 절차를 통해서만 인출할 수 있다. 즉 주주총회에서 배당 결의를 한 후 배당이라는 절차를 통해서만 인출이 가능하다.

주주가 법인의 돈을 가져다 쓰려면 적정한 이자를 낸 후 빌려가야 하기에 개인사업자보다는 규제사항이 많다. 또 법인기업은 법원에 설립등기를 해야 하는 등 절차가 다소 까다롭다. 자본금과 등록면허세, 그리고 채권매입비용 등 설립비용이 필요하다. 개인사업자에 비해 초기 자본이 많이 들어가는 편이다.

그러나 개인기업과 달리 법인기업의 경우 주주는 출자한 지분의 한도 내에서만 책임을 지므로 기업이 도산할 경우 피해를 최소화할 수 있다. 따라서 대외신인도면에서 개인사업자의 신인도는 사업자 개인의 신용과 재력에 따라 평가받는다. 그러므로 법인기업보다는 현실적으로 낮게 보는 경향이 있다.

창업 후 사업자등록을 하기 전에 창업을 하려는 사람은 대부분 업종에 대해서는 특별한 규제나 제한 없이 사업을 할 수 있다. 그러나 특정한 업종의 경우에는 관계법령에 따라 사업 개시 전에 행정관청으로부터 사업에 관한 허가를 받아야 하거나 행정관청에 등록 또는 신고를 마쳐야 한다.

창업하는 업종에 대한 사업허가와 등록, 신고사항의 점검은 업종 선정 과정과 함께 창업 절차에서 우선적으로 검토해야 할 사항이다. 왜냐하면 인허가 업종으로서 사업허가나 등록·신고 등을 하지 않고 사업을 하면 불법이다. 그렇게 되면 행정관청으로부터 사업장 폐쇄, 과태료, 벌금 등의 불이익 처분을 받게 된다. 뿐만 아니라 세무서에 사업자등록을 신청할 때도 사업허가증이나 사업등록증 또는 신고필증을 첨부하지 않으면 사업자등록증을 받을 수 없다.

허가(신고, 등록) 전에 사업자등록 신청을 하는 경우에는 허가(등록)신청서 사본 또는 사업계획서를 제출하고 추후 허가(신고, 등록)증 등의 사본을 제출할 수 있다. 관할관청 허가, 신고, 등록 대상인지 여부를 민원24 홈페이지(www.minwon.go.kr)에 접속하여 해당 업종명으로 검색하면 확인할 수 있다. 혹은 중소기업청의 기업지원플러스 G4B(www.g4b.go.kr)에서 '기업민원 → 기업민원행정안내/신청 → 주제별 민원찾기'에 들어간 다음 주제별 분류에서 사업인허가를 클릭한 다음 상세분류에서 해당 업종을 찾아 클릭하면 인허가 업종인지 여부를 확인할 수 있다.

모든 사업자는 사업을 시작할 때 반드시 사업자등록을 하여야 한다. 사업자등록은 사업장마다 하여야 하며, 사업 개시일로부터 20일 이내에 다음의 구비서류를 갖추어 사업장 관할세무서장에게 신청하면 된다.

- **신청 필요 서류**
  - 법인 설립 신고 및 사업자등록신청서 1부
  - 정관 사본
  - 법인등기부등본
  - 사업허가증·등록증 또는 신고필증 사본 1부(허가/등록/신고가 필요한 사업의 경우)
  - 법인명의 임대차계약서 사본 1부(사업장을 임차한 경우)
  - 주주명부 또는 출자명세서
  - 현물출자명세서(현물출자로 법인을 설립한 경우)

참고로 법인사업자는 개인과 달리 부가가치세법상 간이과세자로 사업자등록을 할 수 없다.

- **1인 법인 설립**

대표이사 1인으로 법인을 설립하는 것을 말한다. 단 1인 법인으로 설립해도 조사보고를 위해 지분이 없는 임원이 1인 이상 있어야 한다. 때문에 지분이 없는 이사나 감사를 선임하여 조사보고를 해야 한다.

- **개인 필요 서류**
  - 임원 및 조사보고인의 인감증명서, 등본, 인감도장(발급일로부터 3개월 이내)

- **법인등기 시 필요 서류**
  - 등기신청서, 정관, 발기인회의사록, 조사보고서, 잔고증명서, 주주명부, 주식발행동의서, 주식인수증, 취임승낙서, 인감신고서
  - 법무사/변호사가 대행해 주는 경우가 많다.

- **행정절차**
  - 관할법원등기소 등기접수
  - 등기완료(2~3일 소요)
  - 법인인감카드, 법인등기부등본, 법인인감증명서 발급
  - 세무서 사업자등록

- **설립비용**
  - 등록면허세 : 자본금×0.4%(수도권 등 과밀억제권역의 경우 3배)
  - 지방교육세 : 등록면허세×20%
  - 대법원수입증지 : 3만 원

- **사업장 주소 등록**
  - 회사를 설립하기 전 대표이사 명의로 사무실을 미리 계약하는 것이 일반적인데, 법인 설립 완료 후 회사 명의로 계약서를 다시

작성하면 된다.
- 또는 임대인과 상호 협의 하에 계약자를 공란으로 비워 둔 후 설립 등기 후 기재한다.
- 법인 설립 완료 후 계약서를 다시 작성한다는 취지의 별도 조항을 넣는 것이 불필요한 분쟁을 막을 수 있다.
- 자택에서 법인 설립은 원칙적으로 불가능하다. 단 소프트웨어 등 자택 사업이 가능한 경우는 예외
- 지인 사무실 일부를 빌려 설립 시에는 전대차계약서, 건물주의 전대동의서가 필요하다.

2) 개인사업자

창업을 하면서 처음 고민하는 것이 바로 사업의 형태다. 개인사업자는 대표자 개인의 자본과 노동력으로 만들어지므로 경영상 발생하는 모든 문제와 부채, 그리고 손실에 대한 위험을 전적으로 책임지게 된다. 따라서 만약 사업에 실패해 은행부채와 세금 등을 다 해결하지 못하고 다른 기업체에 취직해서 월급을 받는 경우, 그 월급에 대해서도 압류를 당할 수 있다.

그런 반면 개인사업자는 기업을 설립하는 데 상법에 따른 별도의 회사 설립 절차가 필요하지 않아 절차가 간편하다. 휴·폐업이 비교적 쉽기 때문에 사업 규모나 자본이 적은 사업을 하기에 적합하다.

창업 후 사업자등록을 하기 전에 시작하려는 사람은 대부분 업종에 대해서 특별한 규제나 제한이 없다. 하지만 특정한 업종의 경우에는 관계

법령에 따라 사업 개시 전에 행정관청으로부터 사업에 관한 허가를 받아야 하거나 행정관청에 등록 또는 신고를 마쳐야 한다.

창업 업종에 대한 사업허가와 등록, 신고사항은 업종 선정 과정과 함께 창업 절차에 있어서 우선적으로 검토해야 할 사항이다. 왜냐하면 인허가 업종으로서 사업허가나 등록, 신고 등을 하지 않고 사업을 하면 불법이다. 따라서 행정관청으로부터 사업장 폐쇄, 과태료, 벌금 등의 불이익 처분을 받게 될 뿐만 아니라, 세무서에 사업자등록을 신청할 때도 사업허가증이나 사업등록증 또는 신고필증을 첨부하지 않으면 사업자등록증을 받을 수 없기 때문이다.

허가(신고, 등록) 전에 사업자등록을 신청할 때는 허가(등록)신청서 사본 또는 사업계획서를 제출하고 추후 허가(신고, 등록)증 등의 사본을 제출할 수 있다. 관할관청의 허가, 신고, 등록 대상인지 여부를 민원24 홈페이지(www.minwon.go.kr)에 접속하여 해당 업종명으로 검색하면 확인하거나 중소기업청의 기업지원플러스 G4B(www.g4b.go.kr)에서 '기업민원 → 기업민원행정안내/신청 → 주제별 민원찾기'에 들어간 다음 주제별 분류에서 사업인허가를 클릭한 다음 상세분류에서 해당 업종을 찾아 클릭하면 인허가 업종인지 여부를 확인할 수 있다.

모든 사업자는 사업을 시작할 때 반드시 사업자등록을 하여야 한다. 사업자등록은 사업장마다 하여야 하며 사업 개시일로부터 20일 이내에 구비서류를 갖추어 사업장 관할세무서장에게 신청하면 된다. 사업자등록 전에 부가가치세가 과세되는 사업을 할 때는 일반과세자와 간이과세자 중 어느 하나로 사업자등록을 하여야 한다. 그런데 일반과세자와 간이과세자는 세금 계산방법 및 세금계산서 발급 등에 차이를 두고 있다.

그러므로 자기 사업에는 어느 유형이 적합한지를 살펴본 후 사업자등록을 하는 것이 좋다.

일반과세자는 10% 세율이 적용되는 반면, 물건 등을 구입하면서 받은 매입세금계산서상의 부가가치세액을 전액 공제받을 수 있고, 세금계산서를 발급할 수 있다.

연간매출액이 4,800만 원 이상으로 예상되거나, 거래처가 세금계산서 교부를 요구하는 경우 일반과세자로 등록하는 것이 좋다. 간이과세가 배제되는 업종 또는 지역에서 사업을 하고자 하는 경우에는 일반과세자로만 등록이 가능하다.

반면 간이과세자는 0.5~3%의 낮은 세율이 적용되지만, 매입세액의 5~30%만 공제받을 수 있으며, 세금계산서를 발급할 수도 없다. 주로 소비자를 상대하는 업종으로서 연간매출액이 4,800만 원에 미달할 것으로 예상되는 소규모 사업자의 경우에는 간이과세자로 등록하는 것이 유리하다.

4대 사회보험(국민연금, 건강보험, 고용보험, 산재보험)의 신고는 사업장에 가까운 기관 중 한 곳에만 신고하거나, 인터넷(www.4insure.or.kr)으로 신고하면 원스톱으로 해결된다.

■ 신청 필요 서류
- 사업자등록신청서 1부
- 사업허가증·등록증 또는 신고필증 사본 1부(허가/등록/신고가 필요한 사업의 경우)
- 사업 개시 전에 등록을 하고자 하는 경우에는 사업허가신청서

사본이나 사업계획서

- 임대차계약서 사본 1부(사업장을 임차한 경우)

- 2인 이상 공동으로 사업을 하는 경우에는 동업계약서 등 공동사
  업을 증명할 수 있는 서류

- 도면 1부(상가건물임대차보호법이 적용되는 건물의 일부를 임차한 경우)

개인사업자와 법인사업자가
알아야 할
세금관리 노하우

다음은 사업자가 반드시 알아야 할 국세청의 국세행정 운영방침이다.

"국세청은 '자발적 참여와 협력' 중심의 패러다임을 바탕으로 납세자의 자발적인 성실납세를 최대한 지원하면서, 고질적·지능적 탈세에는 법과 원칙에 따라 엄정 대응하여 '국민과 함께하는 공정한 세정'을 구현해 나가겠습니다."

"국세청은 납세자가 세금 고충 없이 생업에 전념하는 세정 환경을 조성하고, 납세자가 중심이 되는 친화적 소통을 강화하기 위해 매 분기 한 주간을 '세무지원 소통주간'으로 지정하여 운영하고, 납세자가 성실신고 하는 데 꼭 필요한 과세정보를 미리 제공하여 잘못된 신고에 따른 해명 불편, 사후 세금 추징에 따른 가산세 부담 등을 축소해 나가겠습니다."

"세무조사는 불성실 사업자 위주로 성실신고 유도에 필요한 최소한의 수준에서 실시하고 있습니다. 상대적으로 성실하게 신고한 중소기업에게는 '세무조사가 오히려 경영에 도움이 되었다'는 생각이 들도록 컨설팅 위주의 간편조사를 실시하는 한편, 고의적·지능적 탈세자에게는 엄정한 세무조사를 실시하여 '성실신고가 최선의 절세방법'이라는 공감대가 확산되도록 하겠습니다."

절세(tax saving)는 세법에서 인정되는 적법하고 합리적인 수단에 의해 세금을 적게 내는 것을 말한다. 탈세(tax evasion)는 불법적인 방법을 이용해서 고의로 세금을 줄이려는 일체의 행위를 말한다. 대표적인 예로 수입금액 빼먹기, 비용 부풀리기, 타인 명의로 위장하기 등이다.

불법적인 방법에 의해 장부를 조작할 경우 당장은 세금을 줄일 수 있을지 모르지만 신고내용 사후검증, 과세정보 인프라 구축, 전산분석기법 확충 등으로 조세 소멸시효 이내에 대부분 드러나게 된다. 과거의 잘못된 회계처리 관행 답습 등으로 실제 탈세임을 인식하지 못하였다 하더라도 탈루 사실이 발견될 경우에는 수년간 잘못 처리된 부분이 일시 추징되어 경영에 심각한 타격을 받을 수 있다.

뿐만 아니라 조세포탈범으로 처벌받을 수 있다. 절세의 목적을 달성하기 위해서는 해당 기업에 적용될 수 있는 세법상의 조세지원 규정 등을 적극적으로 활용하여야 한다. 그러나 공격적 조세회피(Aggressive Tax Planning)는 절세보다 탈세에 가까우므로 유의하여야 한다. 정확한 세금 신고와 절세를 위한 사장의 노력은 기업의 경영투명성은 물론 미래의 위험을 사전에 예방할 수 있음을 잊어서는 안 되겠다.

개인사업자는 사업에서 발생한 소득을 개인의 가사경비로 사용하더라도 사업소득에 대한 소득세만 납부하면 된다. 법인의 경우 법인의 소득을 얻기 위해 지출한 비용에 한해 손비로 인정된다. 만약 기업주가 개인적으로 쓴 비용을 법인 비용으로 변칙 처리할 경우 법인이 기업주에게 부정하게 지원한 것으로 본다. 따라서 법인 비용을 인정하지 않거나 법인세가 과세(징벌적 가산세 40%, 국제거래 60%)된다. 한편 기업주는 상여금 또는 배당금을 받은 것으로 보아 소득세를 추가로 부담하게 된다. 그러므로 변칙처리 금액보다 더 많은 세금을 부담하게 됨은 물론, 기업 자금 횡령으로 처벌받을 수도 있다.

중소기업 경영자들의 경우 회사 내에 유보된 소득을 배당이나 근로소득으로 적법하게 처리할 경우 엄청난 세금이 부과되는 것으로 잘못 알고 있는 경우가 많다. 그러나 이미 법인세로 회사에서 납부한 만큼 종합소득세액 계산시 세액 공제하여 준다. 우려하는 것보다 세부담액이 많이 늘어나지 않는다. 따라서 세금의 위험 부담으로부터 자유로워지려면 급여 또는 배당소득 등으로 적법하게 처리하는 것이 유리하다.

법인이 재화나 용역을 공급하거나 공급받는 경우에는 반드시 세금계산서, 계산서(부가가치세 면제분), 신용카드 매출전표 또는 현금영수증을 주고받아야 한다. 지출 증빙이 없는 경우에는 실제 지출 내용을 입증하기 곤란할 뿐만 아니라 실제 지출 사실이 밝혀진다 하더라도 3만 원 초과 거래에 대하여는 증명을 받지 않은 금액의 2%가 가산세로 부과된다. 또한 1회 접대금액이 1만 원(경조사비의 경우 20만 원)을 초과하는 경우 반드시 법인명의의 신용카드나 세금계산서·계산서 또는 현금영수증, 원천징수영수증을 수수하여야만 비용으로 인정된다.

신용카드를 사용하더라도 다른 가맹점 명의로 작성된 매출전표를 교부받은 경우에는 접대비로 인정받을 수 없으므로 신용카드 매출전표상의 주소 및 상호가 맞는지를 꼭 확인하여야 한다. 건설현장 등에서 현금으로 자료(세금계산서) 없이 원재료를 구입하는 것이 정상적으로 구입하는 것보다 싸다 하여 무턱대고 구입하였다가 낭패를 당했다는 이야기를 많이 들었을 것이다. 우선은 원가가 적게 들어 이익이 늘어났다고 생각할지 모르겠지만 매입액의 10%만큼 부가가치세 매입세액 공제를 받을 수 없고, 지출 증빙이 없어 그만큼 법인세를 추가 부담하게 되기 때문이다.

만약에 현금 구입에 따른 세금 부담을 줄이기 위해 자료상으로부터 거짓 세금계산서를 구입한다면 어떻게 될까? 당장은 매입세액도 공제받고 지출증명으로도 처리할 수 있다. 그렇지만 이러한 자료상과의 거래내역은 전산신고분석시스템을 통해 철저히 분석되고 있으니 주의해야 한다. 분석 이후 거짓 세금계산서 수취 혐의가 있는 사업자는 해당 세무서와 지방청 조사국에 통보된다. 거짓 세금계산서로 공제받은 세액에 대한 부가가치세 및 법인세가 추징됨은 물론 엄정한 세무조사를 받게 되니 주의를 해야만 하는 것이다. 또한 자료상과 거래한 사실이 확인되는 사업자는 조세범처벌법에 따라 엄정하게 처벌되기도 한다.

세법상의 조세지원제도(출처 국세청의 최고경영자가 알아야 할 세무관리에서)는 다음 사이트를 참조하면 좋겠다.

https://www.nts.go.kr/info/info_06_04.asp?minfoKey=MINF7420080211211649&mbsinfoKey=MBS20180424153135177&type=V

그 외에도 다양한 혜택을 살펴보고 챙기기 바란다.

세무관리는 사실 작은 기업에서는 매우 난해한 문제다. 법적으로 대리가 가능하므로 이를 이용하는 것이 좋다고 생각된다. 다만, 대리를 하더라도 법적인 조문 정도는 알아야 하기에 법령이 있는 사이트를 소개한다.

[세무대리 업무에 관한 사무처리규정]

https://www.nts.go.kr/info/info_03.asp?minfoKey=MINF8720100726174221&doc_key=36&opt=1&opt2=one&searchSub=&minfoAddf1=1

참고문헌

《경영관리》 강하원, 밥북출판사
《중국식 경영관리》 왕밍저, 전채현 옮김, 한솜미디어
《마케팅 전략 72계》 이정학, 백산출판사
《그림으로 쉽게 배우는 유통마케팅 기본상식》 오세조 · 박진용, 중앙경제평론사
《판매관리론》 이상윤 · 박한혁, 두남출판사
《대한민국 영업마케팅 교과서》 윤남용, 거름출판사
《현대조직관리》 유종해 · 이덕로, (주)박영사
《마키아벨리 군주론》 니콜로 마키아벨리, 인간사랑
《잭 웰치의 마지막 강의》 잭 웰치 · 수지 웰치, 강주헌 옮김, 알프레드
《존 맥스웰 리더십 불변의 법칙》 존 맥스웰, 비즈니스북스
《성과 향상을 위한 코칭 리더십》 존 휘트모어, 김영사
《군주의 거울 카루스의 교육》 김상곤, 21세기북스
《재무관리》 김종길, 소온출판
《명상록》 마르쿠스 아우렐리우스, 도서출판 숲
《프로페셔널의 조건》 피터 F. 드러커, 청림출판
《경영은 전쟁이다》 고야마 노보루, 박현미 옮김, 흐름출판
《사장이 알아야 할 모든 것》 제이골드, 오승훈 옮김, 글로세움
《사장의 길》 서광원, 흐름출판
《사장으로 산다는 것》 서광원, 흐름출판
《작은 회사 사장의 전략》 이노우에 다쓰야, 최려진 옮김, 마일스톤
《왜 사업하는가》 이나모리 가즈오, 다산북스
《사장의 생각》 신현만, 21세기북스
《사장의 정도》 고미야 가즈요시, 한빛비즈
《사장의 일》 하마구치 다카노, 샘앤파커스
《사장이라는 자리》 유선영, 청림출판
《스타트업 바이블》 빌 올렛, 백승빈 옮김, 비즈니스북스
《잘되는 회사의 16가지 비밀》 퍼디낸드 포니스, 랜덤하우스
《위대한 기업의 조건》 짐 콜린스 · 모튼 한센, 로드러너
《사장일기》 폴 다운스, 유노북스

관련 블로그 사이트 및 유튜브 동영상 계정

관련 블로그 사이트 : https://blog.naver.com/kslee9293
유튜브 계정 : 이국섭 작은 기업 사장의 도서관

나도
잘나가는 사장
될 수 있다